둘이서
맛있게
5900원

**참고사항**
본문 내 기재되어 있는 레시피는 모두 2인분 기준입니다. 소분한 재료의 값을 합산했을 때, '5900원'을 넘지 않는 것이 원칙이지만, 계절, 구입 장소, 물가변동에 따라 가격 변동이 있을 수 있습니다. 이 점 참고 바랍니다.

## 둘이서 맛있게 5900원

우리를 위한 초저가 럭셔리 집 밥

초판 1쇄 인쇄  2018년 1월 23일
초판 1쇄 발행  2018년 1월 30일

지 은 이    **더디쉬** 정경지 · 손유진 지음
발 행 인    김승호
펴 낸 곳    스노우폭스북스
편 집 인    서진
진    행    이현진
마 케 팅    김요형, 김정현, 박솔지
디 자 인    김숙희
주    소    경기도 파주시 문발로 165, 3F
대표번호    031-927-9965
팩    스    070-7589-0721
전자우편    edit@sfbooks.co.kr

출판신고  2015년 8월 7일 제406-2015-000159

ISBN 979-11-88331-20-8 13590
값 15,000원

· 이 책에 실린 모든 내용은 저작권법에 따라 보호를 받는 저작물이므로 무단 전재와 무단 복제를 금합니다. 이 책 내용의 전부 또는 일부를 사용하려면 반드시 출판사의 동의를 받아야 합니다.
· 스노우폭스북스는 여러분의 소중한 원고를 언제나 성실히 검토합니다.
· 잘못된 책은 구입처에서 교환해 드립니다.

# 둘이서 맛있게 5900원

2520원X2인분=5040원

우리를 위한 초저가 럭셔리 집밥

**더디쉬** 정경지 손유진 지음

SNOWFOX

사진으로 보는 계량법   8
사진으로 보는 자투리 재료 보관법   10

### Part 1
## 귀찮은 날 업(up)시켜 주는 한 그릇 음식

| | |
|---|---:|
| 계란국수 | 14 |
| 동남아풍 시금치덮밥 | 18 |
| 돼지고기 볶음라면 | 22 |
| 된장탕면 | 26 |
| 소고기 숙주덮밥 | 30 |
| 우엉밥전 | 34 |
| 쫄면 샐러드 | 38 |

### Part 2
## 냉동식품에 소울을 담은 요리

| | |
|---|---:|
| 동그랑땡 쌈밥 | 44 |
| 떡갈비 볶음밥 | 48 |
| 밀크치즈 돈가스 | 52 |
| 치킨너겟 꼬치 라이스 | 56 |
| 타이 비빔 만두 | 60 |
| 탕수 만두 | 64 |
| 피시 버거 | 68 |

Part 3

# 로맨스가
# 필요한 날 심쿵 메뉴

| | |
|---|---|
| 가지 호박 그라탕 | 74 |
| 롤 캐비지 | 78 |
| 리조또 | 82 |
| 발사믹 방울토마토 치킨 마리네이드 | 86 |
| 부추페스토 파스타 | 90 |
| 세인트루이스 피자 | 94 |
| 크림소스 펜네 | 98 |
| 별첨음료 무알코올 파인애플 모히또 | 102 |

Part 4

# 마르가면 꼭 있는
# 평범한 재료로 만드는 요리

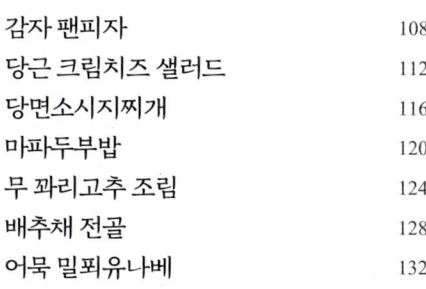

| | |
|---|---|
| 감자 팬피자 | 108 |
| 당근 크림치즈 샐러드 | 112 |
| 당면소시지찌개 | 116 |
| 마파두부밥 | 120 |
| 무 꽈리고추 조림 | 124 |
| 배추채 전골 | 128 |
| 어묵 밀푀유나베 | 132 |

## Part 5
### 발랄한 충전 에너지, 채소요리

| | |
|---|---|
| 굴소스 가지튀김 | 138 |
| 냉채소 잡채 | 142 |
| 모둠버섯 생채소면 | 146 |
| 아보카도 간장비빔밥 | 150 |
| 아보카도 토마토리조또 | 154 |
| 토마토 베이크드샐러드 | 158 |
| 페이크 누들 파스타 | 162 |

## Part 6
### 슈퍼식빵으로 만드는 호텔 느낌 빵 요리

| | |
|---|---|
| 그릴비프 오픈샌드위치 | 168 |
| 마르게리따 토스트 | 172 |
| 스페니쉬 식빵피자 | 176 |
| 시금치베이컨 롤 그라탕 | 180 |
| 에그마요 토스트 | 184 |
| 에그볼 샌드위치 | 188 |
| 오믈렛 샌드위치 | 192 |

## Part 7
### 씨푸드가 별거냐, 해산물 요리

| | |
|---|---|
| 삼치 데리야키 라이스 | 198 |
| 씨푸드 토마토밥 | 202 |
| 연어밥 | 206 |
| 오징어 에스카베슈 | 210 |
| 토마토소스 홍합탕 | 214 |
| 피시필렛 그라탕 | 218 |

### Part 8

# 착한 가격으로 부티 나게
# 즐기는 고기 요리

| | |
|---|---|
| 대파불고기 전골 | 224 |
| 대패삼겹살 스키야키 | 228 |
| 돼지고기 스테이크 웜 샐러드 | 232 |
| 돼지고기 안심 팟타이 | 236 |
| 돼지불고기 살사라이스 | 240 |
| 배소스 돼지고기 스테이크 | 244 |
| 쌈채와 로스트 치킨 | 248 |

### Part 9

# 프레쉬한
# 통조림 요리

| | |
|---|---|
| 골뱅이튀김 비빔면 | 254 |
| 꼬막 비빔밥 | 258 |
| 닭고기 카레 | 262 |
| 생강장 꽁치튀김 | 266 |
| 스팸 월남쌈 | 270 |
| 연어 김치찌개 | 274 |
| 참치감자찌개 우동샤브 | 278 |

**Plus Recipe**

더디쉬의 추천 메뉴 :
특별한 날 함께 먹는 한상차림  282

에필로그   나를 채우는 한 끼의 마법   284

## 사진으로 보는 계량법

이 책의 레시피는 요리를 간편하고 손쉽게 하기 위해서 집에서 사용하는 밥숟가락과 찻숟가락, 종이컵으로 계량했어요. 일반적으로 밥을 먹는 밥숟가락이 큰 술, 커피를 탈 때 사용하는 찻숟가락이 작은술의 기준입니다.

**1큰술** 밥숟가락에 액체양념이나 가루류를 가득 담아 깎아 낸 느낌으로 수북하지 않은 정도

**1/2큰술** 밥숟가락에 깎아 낸 느낌으로 반 정도 담긴 정도

**1작은술** 찻숟가락에 액체양념이나 가루류를 가득 담아 깎아 낸 느낌으로 수북하지 않은 정도

**1/2작은술** 찻숟가락에 깎아낸 느낌으로 반 정도 담긴 정도

**1컵** 일반적인 크기의 종이컵 1개 분량

**한 줌** 손으로 재료를 움켜쥐어 주먹 안에 가득 들어오는 정도

**반 줌** 손으로 재료를 움켜쥐어 가운데 손가락이 손바닥에 닿을 정도로 반 정도 움켜쥔 정도

## 사진으로 보는 자투리 재료 보관법

요리에 사용하고 남은 자투리 재료 보관법 알려드릴게요. 시장이나 마트에서 장을 봐서 요리를 하면 항상 재료가 남아요. 귀찮더라도 남은 재료를 잘 보관해야 조금 더 신선하게, 오래 두고 먹을 수 있어요.

### ● 육류와 해산물류

소고기, 돼지고기, 닭고기, 새우 살, 바지락 살, 오징어 등

육류와 해산물류는 남는 즉시 냉동 보관해야 다음 요리에 신선하게 사용할 수 있어요.
냉동 시 덩어리지게 되면 해동하는데 많은 시간이 소요되므로 바로 잘라 사용할 수 있도록 납작하게 보관하는 것이 좋아요.
적은 양의 육류나 해산물류는 지퍼 백에 한 겹씩 납작하게 펼쳐서 냉동실에 넣어주세요.

## ● 덩어리 채소류

감자, 호박, 양파, 당근, 등

조리를 하고 남은 덩어리 채소류는 물기를 제거한 후 보관하세요. 공기가 통하지 않도록 밀폐용기에 담거나 지퍼 백에 담아 냉장고의 채소 칸에 보관해요.

## ● 잎 채소류

시금치, 상추, 깻잎, 부추, 실파 등

잎 채소는 냉장고의 냉기와 수분에 의해 쉽게 물러지게 마련입니다.
물기를 털어낸 잎 채소는 냉장고의 차가운 냉기가 잎 채소에 직접 닿지 않도록 종이타월로 감싸 지퍼 백에 담아 채소 칸에 보관해요.

# Part 1

# 귀찮은 날 업(up) 시켜 주는 한 그릇 음식

✓ 1,395원 × 2인분 = 2,790원

귀찮은 날, 기분 업 시켜 주는
맛깔난 계란국수!

# 계란국수

아주 옛날 집 바로 옆에 국수집이 있었어요. 지금은 그런 식당을 찾으려고 해도 찾아볼 수 없을 만큼 아주 작은 국수집이었지요.
그 집 앞에는 항상 국수 면이 커튼처럼 걸려 있었어요. 작은 꼬마였던 저는 친구들과 그 집 앞의 잘 마른 국수 면을 똑! 하고 분질러 먹곤 했어요. 요즘은 주로 공장에서 생산된 국수를 많이들 먹잖아요. 그 시절에는 국수 면을 직접 뽑아 말리는 국수집이 동네에 한두 군데는 있었답니다.
저는 여름날에는 김치를 송송 썰어 넣은 매콤한 비빔국수를, 겨울이면 따뜻한 멸치 국물에 말아먹는 국수를 참 사랑해요. 이제 국수가 더 맛있어지는 계절이 찾아왔어요. 호로록 하는 식감이 못 견디게 그리운 날, 국수 한 묶음 들여 보시면 어떨까요?

별다른 재료 필요 없이 계란을 넉넉히 풀어 끓이는 계란국수는 소박하지만 맛깔난 한 그릇이 되어 줍니다. 계란 넉넉히 풀고 파 송송 뿌려 참기름 한 방울 똑! 떨구어 언제든 편하게 즐겨 보세요.

### 주재료

| | |
|---|---|
| 소면 160g | 400원 |
| 계란 4개 | 800원 |
| 쑥갓 2대 | 140원 |
| 대파 10cm 한 토막 | 150원 |
| 해물 육수 팩 1개 | 700원 |
| 김가루 4큰술 | 100원 |

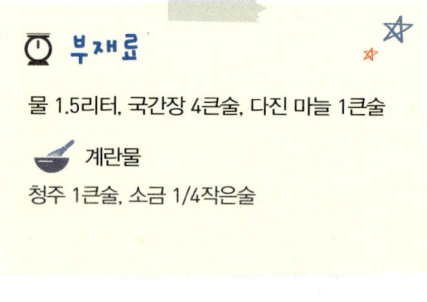

### 부재료

물 1.5리터, 국간장 4큰술, 다진 마늘 1큰술

🥣 계란물
청주 1큰술, 소금 1/4작은술

둘이서 맛있게 5900원

① 물에 해물 육수 팩을 넣어 5분 정도 끓여 밑국물을 낸다.

② 밑국물이 우러나면 분량의 준비한 계란물을 젓가락에 조금씩 부어 줄눈을 쳐 준다.
계란이 익으면 바로 불을 끄고 다진 마늘과 국간장으로 간을 맞춘다.

③ 삶은 국수를 완성 그릇에 담고 계란 육수를 부어 준다.
마지막으로 송송 썬 대파와 김가루, 참기름, 후춧가루를 뿌려 완성한다.

**Tip**
계란을 풀고 살짝만 끓여야 부드러운 계란 맛을 즐길 수 있어요. 고추씨가 있으면 육수를 낼 때 사용해 보세요. 칼칼한 맛을 추가할 수 있어요. 국간장은 짠맛의 정도에 따라 양을 조절하세요.

★ 사이드 디쉬 : 꼬들 단무지무침

꼬들 단무지 50g　　　**500원**
다진 파 1작은술, 깨소금 1/2작은술, 고춧가루와 참기름 약간씩

꼬들 단무지에 위 분량의 재료를 넣어 조물조물 무쳐 준다.

✓ 2,395원×2인분=4,790원

평범한 시금치의 맛있는 변신!

# 동남아풍 시금치덮밥

문득 엄마에게 미안해지는 날이 있어요.
친구와 동남아 여행을 다녀온 다음 날이었어요. 엄마를 아주 오랜만에 봤죠. 엄마가 웃으며 "여행은 즐거웠어?"라고 물어보셨어요. 신나서 재잘재잘 여행 후기를 늘어놓다가 문득 엄마 얼굴을 봤는데 미안해지더라구요. 그러고 보니 엄마는 요새 통 집에만 계신 것 같아서 괜히 마음 쓰이고, 더 안쓰러운 생각이 들었어요.
생각만 하지 말고 지금 이 순간부터 잘해 드리자, 라는 생각에 부엌으로 향했어요. 냉장고의 재료를 천천히 살펴보니, 시금치가 눈에 띄네요. 엄마에게 동남아 느낌의 음식을 해 드리고 싶었어요. 엄마, 다음엔 꼭 여행 보내 줄게!

### 동남아풍 시금치덮밥
### 총 4,790원

우리나라의 젓갈과 비슷하지만 맛이 라이트한 피시 소스를 활용한 동남아풍 소스로 만들어 보는 덮밥입니다.
보리새우와 다진 돼지고기가 어우러져서 감칠맛을 더해 주어요. 흔한 재료인 시금치로 특색 있는 요리를 만들어 맛있는 한 끼 즐겨 보세요.

1200원
2640원
500원
100원
150원
200원

#### 주재료

| | |
|---|---|
| 시금치 1/2단 | 1200원 |
| 돼지고기 다짐육 200g | 2640원 |
| 보리새우 1/2컵 | 500원 |
| 양파 1/4개 | 100원 |
| 청양고추 2개 | 200원 |
| 대파 10cm 한 토막 | 150원 |

####  부재료

베트남 건홍고추 4개, 다진 마늘 2큰술,
식용유 4큰술, 고춧가루, 후춧가루 약간씩

 양념

피시 소스 2큰술, 진간장 2큰술, 청주 2큰술,
식초 1큰술, 설탕 1큰술

둘이서 맛있게 5900원

① 식용유를 두른, 열이 오른 약불의 팬에 다진 대파, 부순 베트남 건홍고추를 넣어 볶다가 보리새우를 넣고 볶아 준다.

② 보리새우가 볶아지면 다진 마늘, 다진 양파, 송송 썬 청양고추, 돼지고기와 분량의 양념을 넣어 볶아 준다.

③ 마지막으로 손질한 시금치를 센 불에서 재빨리 볶아 내어 밥 위에 얹고 고춧가루를 살짝 뿌려 완성한다.

> **Tip**
> 기호에 따라 땅콩가루나 스리라차 소스를 뿌려 먹으면 맛있어요. 레몬이나 라임즙을 뿌려도 맛있어요.

2,110 × 2인분 = 4,220원

둘이서 맛있게 즐기는 돼지고기 볶음라면!

# 돼지고기 볶음라면

저는 라면을 참 좋아해요. 라면은 소위 '순정'이라고 해서 그냥 기본으로 먹는 라면도 충분히 맛있지만, 기분에 따라 집에 있는 재료를 넣어 먹으면, 더 맛있고 재미있는 요리가 되지요. 달랑 면과 스프가 전부인 라면은, 단촐하지만 무척 다양한 맛을 낼 수 있는 주재료랍니다.

맛집 프로그램을 보다가 문득 출출해질 때, 저는 집 안의 재료를 살펴봐요. 찬장에 항상 있는 라면, 그리고 얼마 전 김치찌개를 하고 남은 돼지고기가 조금 있다면, 돼지고기 볶음라면을 해 먹을 수 있어요. '돼지고기 볶음라면'의 맛집이 바로 우리 집이 되는 순간이죠.

총 4,220원

레시피를 따라 만든 시판용 볶음 라면도 맛있지만, 몇 배 더 고급스럽게 즐길 수 있는 방법을 소개해드려요. 저렴한 돼지고기 앞다리 살을 이용하고 청경채, 배춧잎 같은 아삭하고 달달한 채소와 함께 센 불에 휘릭 볶아 넣으면 건더기가 풍성해져요. 앞으로는 그냥 라면 말고, 더디쉬표 볶음라면을 즐겨 보세요!

### 주재료

| | |
|---|---|
| 미고랭 라면사리 2개 | 1320원 |
| 돼지고기 앞다리 불고기감 200g | 1500원 |
| 청경채 1동 | 400원 |
| 알배기 배춧잎 작은 크기 5장 | 330원 |
| 양파 1/2개 | 170원 |
| 대파 10cm 한토막 | 150원 |
| 청양고추 1개 | 100원 |
| 당근 5cm 한토막 | 250원 |

### 부재료

식용유, 참기름, 후춧가루 약간씩

양념장

진간장 6큰술, 청주 3큰술, 맛술 3큰술,
설탕 2큰술, 다진 마늘 2작은술,
다진 생강 1/2작은술

둘이서 맛있게 5900원

> **Tip**
> 면 사리를 볶을 때, 80%만 익혀 주어야 알맞은 식감을 즐길 수 있어요.
> 일반 라면 사리를 이용해도 좋아요.

① 식용유를 두른, 열이 오른 센 불의 팬에 한입 크기로 썬 돼지고기를 넣어 볶는다.
② 돼지고기의 겉면이 익으면 미리 만들어 놓은 양념장을 넣어 살짝만 볶는다.
③ 2에 채 썬 양파, 당근, 대파, 청경채, 배춧잎, 어슷 썬 청양고추를 넣어 센 불에서 재빨리 볶는다.
④ 마지막으로 삶은 미고랭 라면 사리를 넣어 간이 배이게 살짝만 볶은 후에 참기름, 후춧가루를 뿌려 완성한다.

✓ 2,715원×2인분=5,430원
할머니가 생각날 때, 구수한 된장탕면!

# 된장탕면

저의 첫 칼국수는 할머니가 만들어 주신 칼국수예요. 기름을 잘 먹여 반질반질한 대청마루에 턱을 괴고 엎드려서 비에 젖어 가는 마당을 보고 있노라면, 할머니의 분주한 움직임이 느껴졌어요. 어느새 할머니는 내 키만 한 나무 도마를 꺼내시고는 뚝딱뚝딱 만들어 낸 밀가루 반죽을 홍두깨로 얇게 밀어내시며 "오늘 우리 유진이 좋아하는 칼국수 한 그릇 먹자~" 하셨어요. 그러면 저는 할머니 옆구리에 쏙 들어가 앉아 대신 해보고 싶다는 둥 참견을 했죠. 할머니의 칼국수는 정말 맛있었어요. 어른이 되어 비법을 물어보니, 요즘 흔히 말하는 안동국시가 할머니 칼국수의 정체였어요. 참 신기한 건 제가 아는 어떤 칼국수 맛집도 할머니표 칼국수보다 맛있지 않았다는 거예요.

총 5,430원

된장이 기본 베이스가 되는 구수한 국물의 된장탕면은 소박하면서도 속을 편안하게 해주는 면 요리입니다. 특별한 양념장이나 육수가 없어도 된장만으로도 좋은 국물 맛을 내어 주는 것이 특징이지요. 순두부를 숭덩숭덩 떠 넣어 부드럽게 호로록 넘어가는 담백한 한 그릇 소개해 드려요.

### 주재료

| | |
|---|---:|
| 생면 200g | 1100원 |
| 냉동 우삼겹 100g | 1580원 |
| 순두부 1/2봉지 | 700원 |
| 청경채 1동 | 400원 |
| 표고버섯 2개 | 500원 |
| 깻잎 20장 | 700원 |
| 양파 1/4개 | 100원 |
| 청양고추 2개 | 200원 |
| 대파 10cm 한 토막 | 150원 |

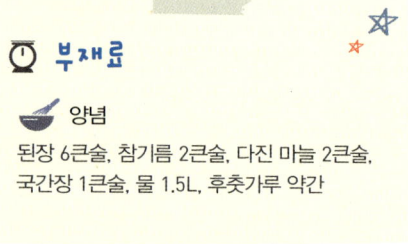

### 부재료

**양념**
된장 6큰술, 참기름 2큰술, 다진 마늘 2큰술, 국간장 1큰술, 물 1.5L, 후춧가루 약간

둘이서 맛있게 5900원

① 참기름을 두른, 열이 오른 냄비에 우삼겹과 국간장을 넣어 볶는다.
② 우삼겹의 겉면이 익으면 물을 넣고 된장을 풀어 한소끔 끓어 오르면 채 썬 청경채, 표고버섯, 양파, 어슷 썬 청양고추를 넣어 끓인다.
③ 채소의 단맛이 우러나게 한소끔 끓여지면 80% 정도만 익힌 삶은 생면, 순두부를 넣어 끓여 준다.
불에서 내리기 직전 한입 크기로 썬 깻잎과, 채 썬 대파를 넣어 완성한다.

**Tip**
깻잎을 넣어 주면 깻잎 특유의 향이 된장의 맛과 잘 어우러져서 좋아요.

★ 사이드 디쉬 : 꼬들 단무지무침

| 꼬들 단무지 50g | **500원** |

다진 파 1작은술, 깨소금 1/2작은술, 고춧가루와 참기름 약간씩

# 소고기 숙주덮밥

최근에 친구에게 레시피를 하나 알려 줬는데, 엄청 좋아했어요. 만사 귀찮은 날이지만 즉석식품은 먹고 싶지 않을 때, 이 요리를 자주 해 먹는다고 해요.

부드러운 소고기와 아삭한 숙주는 환상의 궁합이지요. 평소 양식을 즐겨 먹는 이 친구는 사실 이 요리를 통해 숙주를 처음 먹어 봤다고 고백했어요. 원재료가 녹두라는 것도 모를 정도로 정말 관심 밖의 식재료였죠. 이제는 본인도 남편도 아주 좋아하는 요리가 되었다고 해요.

예쁜 그릇에 밥을 소복하게 담고, 가볍게 볶아 완성한 요리를 얹기만 하면 끝이니까 간편하죠. 레시피 공부에 재미를 붙인 친구는 요즘, 틈날 때마다 톡방에 질문을 쏟아 내곤 한답니다.

**소고기 숙주덮밥**

총 5,470원

숙주는 녹두의 어린싹으로 녹두의 영양과 채소 특유의 아삭한 식감을 모두 가진 매력적인 식재료에요. 소고기와 숙주는 특히 사랑받는 조합이지요. 두가지 재료 모두 조리시간이 짧아 초간단 레시피에 알맞는 재료예요.
빠른 시간에 휘릭 볶아서 고슬고슬한 밥위에 얹기만 하면, 맛과 향은 물론 영양이 듬뿍 담긴 한 끼 완성입니다.

### 주재료

| | |
|---|---|
| 수입 소고기 불고기감 120g | 3400원 |
| 숙주 100g | 750원 |
| 표고버섯 2개 | 500원 |
| 양파 1/2개 | 170원 |
| 대파 10cm 한토막 | 150원 |

###  부재료

 양념
피시 소스 2큰술, 진간장 2큰술, 청주 2큰술, 식초 1큰술, 설탕 1큰술

둘이서 맛있게 5900원

① 식용유를 살짝 두른, 열이 오른 팬에 채 썬 양파를 넣어 볶다가 한입 크기로 썬 소고기와 분량의 양념을 넣어 볶는다.

② 소고기가 볶아지면 슬라이스한 표고버섯, 채 썬 대파, 숙주를 넣고 센 불에서 가볍게 볶아 따뜻한 밥 위에 얹어 완성한다.

★ 사이드 디쉬 : 적양파 피클

적양파 1/2개          **500원**

 양념

식초 2큰술, 설탕 1큰술,
꽃소금 1/2작은술

슬라이스한 적양파에 위 분량의 양념을 넣어 골고루 버무린 후, 30분 정도 숙성시킨다.

2,905원 × 2인분 = 5,810원

우엉과 밥의 특급 콜라보,
쫀득쫀득 풍미 작렬! 우엉밥전!

# 우엉밥전

어느 날 실시간 검색어에 우엉이 떠 있었어요. 알고 보니 TV에서 한 연예인이 다이어트 팁으로 우엉차를 언급했다고 하더라고요. 우엉차를 먹으면 붓기가 빠진다는 이야기를 반복했더래요. 저는 평소에도 우엉을 요리 재료로 자주 사용하는 편이었기 때문에 우엉의 효능을 잘 알고 있어서 흥미가 가진 않았죠. 그런데 오랜만에 집에 가 보니 엄마가 우엉을 여러 대사 놓으신 걸 볼 수 있었어요. 말려서 차로 끓여 드시려고 하셨대요. 엄마도 그 프로그램을 보셨구나 싶어 미소가 지어졌어요.

일부 차로 끓일 것을 두고 나머지는 모두 요리를 해 먹자 하셨어요. 그 날 냉장고 재료와 밥솥에 있는 밥으로 우엉밥전을 해먹었어요. 다른 반찬도 많았는데 엄마는 유독 우엉을 맛있게 드시는 것 같았어요. 그 모습에 또 한 번 웃고 말았죠.

**우엉밥전**
총 5,810원

우엉은 대표적인 건강 식재료이지요.
우엉을 연필 깎듯 빗겨 썰어 돼지고기와 밥을 함께 넣고 동글납작하게 빚어 부쳐내니 우엉의 풍미가 가득한 쫀득쫀득한 요리가 완성되네요. 밥이 따로 없어도 하나씩 집어 먹기에 좋은 별미랍니다.

1020원
500원
750원
750원
500원
2640원
180원
870원

### 주재료

| | |
|---|---:|
| 돼지고기 다짐육 200g | 2640원 |
| 우엉 1/2대 | 870원 |
| 밥 2공기 | 1020원 |
| 실파 3대 | 180원 |

### 부재료

찹쌀가루 6큰술, 참기름 4큰술, 식초 1큰술, 후춧가루, 식용유 약간씩

**고기 밑간**
진간장 6큰술, 설탕 3큰술, 청주 1큰술, 다진 대파 2큰술, 다진 마늘 1작은술, 다진 생강 1/2작은술, 후춧가루 약간

① 우엉은 껍질을 벗겨 연필을 깎듯 깎아내어 식초물에 담갔다가, 물에 헹구어 놓는다.
식초물에 담가 주면 떫은맛과 갈변을 방지한다.

② 돼지고기 다짐육에 분량의 밑간 재료를 넣어 버무려 10분간 재운다.
재운 고기와 밥, 1의 우엉, 찹쌀가루, 참기름을 넣어 골고루 섞는다.

③ 2의 양념한 밥을 5cm 크기로 동글납작하게 빚어 식용유를 두른, 팬에서 앞뒤로 노릇하게 굽거나, 예열된 180도 오븐에서 20분간 구우면 바삭하게 즐길 수 있다.
구운 우엉밥전 위에 송송 썬 쪽파를 뿌려 상에 낸다.

| ★사이드 디쉬: 샐러드 마리네이드 | |
|---|---|
| 오이 1/2개 | 400원 |
| 무 3cm 한토막 | 150원 |
| 샐러리 1/2대 | 150원 |
| 슬라이스 햄 3장 | 400원 |

 마리네이드 양념

레몬 식초 6큰술, 설탕 3큰술, 엑스트라버진 올리브유 2큰술, 꽃소금 1작은술, 후춧가루 약간

어슷 썬, 오이, 샐러리와 납작 썬 무와 슬라이스 햄에 위 분량의 마리네이드 양념을 넣어 버무려 1시간 정도 숙성시킨 후, 먹는다.

# 쫄면 샐러드

어느 여름, 샐러드 파스타가 유행할 때가 있었어요. 남편이랑 같이 샐러드 파스타를 먹으러 외식을 생각하고 있었는데, 남편은 집에서 먹자고 하더라구요. "뭔가 더 새콤한 게 먹고 싶어." 그래서 저는 쫄면을 삶기로 했어요. 제가 원래 먹고 싶던 샐러드 파스타와 남편이 먹고 싶은 새콤한 음식의 중간 지점에 있는 음식을 만들어 보려구요. 마침 샤브용 소고기가 있네요. 고기와 신선한 채소, 탱글한 면의 조화가 기가 막힌 음식을 차려 놓고 보니 행복해져요. 오늘도 우리 두 사람 모두 행복한 한 끼네요.

**쫄면 샐러드**
총 5,760원

쫄면 사리 한 봉지로 두 명이서 배부르게 즐기는 메뉴를 소개해요.
흔히 탱글탱글한 면발의 식감으로 즐기는 매콤한 쫄면을 채소를 듬뿍 담아 싱그러운 느낌 가득 담아 간장 소스에 비벼 즐기는 이색 메뉴랍니다. 탄수화물 섭취를 줄이고 싶지만 포만감이 필요한 날, 이 메뉴를 떠올려 보세요.

500원
140원
500원
500원
500원
200원
250원
2300원
870원

## 주재료

| | |
|---|---|
| 쫄면 사리 1개 | 870원 |
| 샤브용 소고기 100g | 2300원 |
| 적근대 7장 | 500원 |
| 비타민 2동 | 500원 |
| 치커리 5대 | 250원 |
| 쑥갓 2대 | 140원 |
| 양상추 잎 2장 | 200원 |
| 적양파 1/2개 | 500원 |

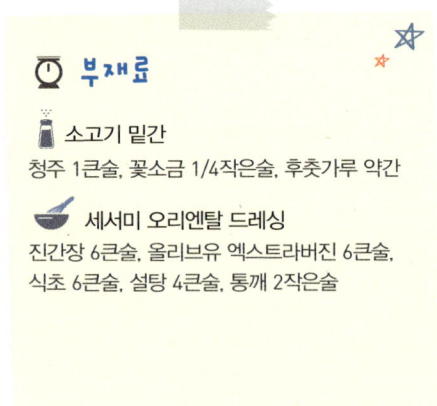

## 부재료

● 소고기 밑간
청주 1큰술, 꽃소금 1/4작은술, 후춧가루 약간

● 세서미 오리엔탈 드레싱
진간장 6큰술, 올리브유 엑스트라버진 6큰술, 식초 6큰술, 설탕 4큰술, 통깨 2작은술

둘이서 맛있게 5900원

★ 사이드 디쉬 : 미소시루

미소된장 4큰술　　　　**500원**

물 3컵, 다진 실파 약간

찬물에 미소 된장을 풀어 한소끔 끓으면 불에서 내려 쪽파를 뿌려 상에 낸다.
미소시루는 오래 끓으면 떫은 맛이 나기 때문에 짧게 끓여 준다.

> **Tip**
> 샤브용 소고기 대신 대패삼겹살을 활용해도 좋아요.

① 샐러드 채소는 한입 크기로 찢어 얼음물에 잠시 담가 싱싱한 상태가 되도록 준비한다.
적양파는 채를 썰어 찬물에 잠시 담가 매운맛을 빼 준다.
샤브용 소고기는 위 분량의 밑간 양념에 10분간 재운다.

② 식용유를 두른, 열이 오른 팬에 밑간한 고기를 앞뒤로 구워 준다.

③ 완성 그릇에 삶은 쫄면, 샐러드 채소, 구운 고기를 담고 위 분량의 세서미 오리엔탈 드레싱을 끼얹어 완성한다.

# Part 2

# 냉동식품에
# 소울을 담은 요리

1,500원 × 2인분 = 3,000원

동글동글 보기도 좋고, 먹기도 편한
동그랑땡 쌈밥!

# 동그랑땡 쌈밥

그거 아세요? 동그랑땡은 본명이 아니에요. 처음에 동그란 게 꼭 돈을 닮았다고 해서 돈저냐라고 불렸다는데, 언젠가부터 우리는 동그랑땡으로 부르고 있는 거죠. 개인적으로는 어릴 적 출시된, 돼지고기 함량보다는 어묵과 밀가루가 더 많이 들어 있는 옛날 소시지 동그랑땡이 주범이지 않나 생각해요.

도시락 반찬에 담기면 너 나 할 것 없이 달려들게 한 동그랑땡. 지금은 다양한 소시지와 냉동 식품에 밀려 인기가 시들하지만 그 추억을 고스란히 담아 가끔 부쳐 먹어요. 때때로 밥과 동그랑땡을 버무려 보세요. 평소 냉동식품을 좋아하지 않는 남편도 좋은 반응을 보였어요. 시도해 보면 남녀노소 모두의 입맛에 맞을 거예요.

동그랑땡은 갖은 채소와 고기, 두부 등 많은 속 재료가 풍성히 들어가 있는 식재료이지요. 맛있고 고소하게 구워서 잘게 다져서 밥에 버무려 주먹밥으로 만들면 별다른 채소나 고기, 양념을 넣지 않아도 금세 맛있는 양념 밥을 만들 수 있어요. 개운하고 상큼한 맛 더해 주도록 쌈밥으로 만들어 먹으니 건강한 식사가 되는 기분입니다.

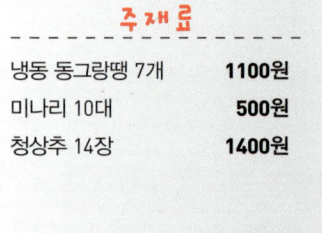

### 주재료

| | |
|---|---|
| 냉동 동그랑땡 7개 | 1100원 |
| 미나리 10대 | 500원 |
| 청상추 14장 | 1400원 |

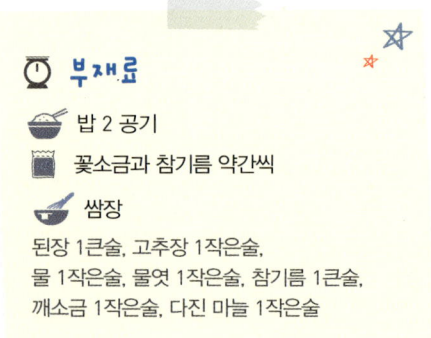

### 부재료

- 밥 2 공기
- 꽃소금과 참기름 약간씩
- 쌈장

된장 1큰술, 고추장 1작은술,
물 1작은술, 물엿 1작은술, 참기름 1큰술,
깨소금 1작은술, 다진 마늘 1작은술

둘이서 맛있게 5900원

① 해동된 동그랑땡을 식용유에 부쳐 잘게 다져 준다.
② 따뜻한 밥에 잘게 다진 동그랑땡과 미나리, 참기름, 꽃소금 약간을 넣어 섞어 준다.
③ **2**의 밥을 동그랗게 주먹밥을 만들어 상추에 감싼 뒤 쌈장을 얹어 완성한다.

> **Tip**
> 동그랑땡 속에는 이미 다양한 채소가 들어 있고 밑간이 알맞게 되어있어서 별도의 채소와 고기를 볶아 넣지 않아도 맛있어요.
> 기호에 따라 씻어 다진 김치를 넣어 주면 개운한 맛을 낼 수 있어요.

2,525원 × 2인분 = 5,050원

김치 볶음밥보다 더 맛있는 달콤한 떡갈비 볶음밥!

BON APPÉTIT

# 떡갈비 볶음밥

담양으로 여행을 간 적이 있었어요. 막바지 단풍 구경을 즐기기 위해서 찾았죠. 이윽고 기다리던 점심시간이 되었어요. 평소 지역의 색이 담긴 맛집을 찾아가는 일을 좋아해요. 이번엔 늘 가던 곳이 아닌 친구가 추천해 준 식당으로 갔어요.

떡갈비가 유명한 곳이었어요. 검고 무거운 사기그릇에 떡갈비가 담겨 나왔고, 다른 찬들도 같은 종류의 사기그릇에 담겨 다양하게 나와 한상이 차려졌지요. 아주 맛있었지만 직원들은 힘들 것 같았어요. 음식은 담음새도 중요하기 때문에 평소 접시도 눈여겨보는 편이에요. 들고 나르는 직원분들의 힘든 표정을 보니 괜히 미안하고 감사한 한 끼였어요.

냉동 떡갈비는 달콤 짭조름한 양념이 맛있게 배어 있는 재료이지요. 그냥 구워 먹어도 맛좋은 떡갈비를 볶음밥에 넣어 보세요.
고기나 소시지가 들어간 볶음밥과는 다른 매력의 볶음밥을 즐기실 수 있답니다.

### 주재료

| 냉동 떡갈비 4개 | 3000원 |
| 마늘종 4대 | 450원 |
| 양파 1/2개 | 100원 |
| 빨간 파프리카 1/4개 | 500원 |
| 노랑 파프리카 1/4개 | 500원 |

### 부재료

식용유 3큰술, 칠리 파우더 1큰술

찬밥 2공기

꽃소금 1작은술

둘이서 맛있게 5900원

> **Tip**
> 볶음밥을 할 때 찬밥에 식용유와 가루류를 먼저 넣고 버무렸다 볶으면 고슬고슬하게 볶을 수 있어요.
> 칠리 파우더가 없을 때에는 고춧가루를 활용해도 좋아요.

① 찬밥에 식용유와 칠리 파우더를 넣어 골고루 섞어가며 볶아 준다.

② 해동시킨 냉동 떡갈비는 식용유를 두른, 팬에서 앞뒤로 구워 준다.

③ 열이 오른 팬에 식용유를 두르고, 다진 양파, 다진 파프리카, 어슷 썬 마늘종을 볶다가 으깬 구운 떡갈비를 넣고 함께 볶아 준다.

④ 마지막으로 1에서 따로 볶은 양념된 밥을 넣고, 섞듯이 볶아 완성한다.

# 밀크치즈 돈가스

돈가스집에 가서 메뉴판을 보면, 항상 아래쪽에 치즈 돈가스가 적혀 있어요. 가격도 만만치 않죠. 하지만 치즈 돈가스는 남녀노소 좋아하는 메뉴 중 하나예요.

숨어 있던 치즈가 등장하는 장면이 가장 하이라이트 아닐까요? 바삭바삭한 튀김옷 사이에 숨어 있던 치즈는 포크로 그 속을 갈랐을 때 그 위엄이 드러나죠. 마치 메인이 돈가스가 아닌 치즈인 것 같죠. 그러다 한 번은 이런 생각이 들었어요. '치즈가 바깥에 있다면 어떨까?' 치즈가 사르르 녹으며 돈가스를 포근히 감싸 주는 모습을 상상할 수 있어요.

이 상상을 실현시킬 수 있는 방법은 바로, 크림소스예요. 체다 치즈와 크림을 혼합한 화이트소스를 돈가스 위에 붓거나 찍어 먹으면 참 맛있어요. 치즈와 돈가스의 궁합은 언제나 환상이네요!

밀크치즈 돈가스
총 4,430원

돈가스는 인기 있는 반찬 중 하나이지요. 저렴한 냉동돈가스를 간단한 소스만으로 멋진 요리로 탈바꿈시킬 수 있어요. 체다 치즈와 크림으로 만드는 고소한 화이트소스를 바삭하게 튀긴 돈가스 위로 넉넉히 끼얹어 먹으니 레스토랑 돈가스 부럽지 않은 맛이 나네요. 치즈와 돈가스의 궁합은 언제나 환상이라니까요.

400원
600원
240원
840원
1500원
850원

### 주재료

| 냉동 돈가스 2개 | 850원 |
| 양파 작은 크기 1개 | 400원 |
| 양송이 3개 | 1500원 |
| 버터 2큰술 | 240원 |
| 휘핑크림 또는 생크림 1/2컵 | 600원 |
| 슬라이스 체다 또는 고다 치즈 3장 | 840원 |

### 부재료

식용유 적당량

🥣 **양념**
진간장 2큰술, 굴 소스 1큰술, 청주 2큰술, 맛술 2큰술, 설탕 1큰술

🥣 **밀크치즈 드레싱**
갈릭 분말 또는 다진 마늘 1/2작은술, 마요네즈 4큰술, 설탕 1큰술, 꽃소금 1/2작은술

둘이서 맛있게 5900원

① 식용유를 두른, 열이 오른 팬에 채 썬 양파, 슬라이스한 양송이버섯을 넣어 볶다가 분량의 양념을 넣어 살짝 볶는다.
② 해동된 냉동 돈가스는 식용유에 튀겨 굵게 썰어 준다.
③ 버터를 녹인 팬에 갈릭 분말을 넣어 볶다가 생크림을 넣어 끓인다. 어느 정도 끓으면 불에서 내린 후, 미리 준비한 분량의 치즈, 마요네즈, 설탕, 소금을 넣어 녹여 준비한다. 완성 접시에 볶은 채소를 담고 그 위에 돈가스를 얹고 밀크치즈 드레싱을 뿌려 완성한다.

> **Tip**
> 치즈의 간에 따라 소금의 양을 가감해서 간을 맞추어 주세요.
> 생크림 대신 우유를 사용해도 좋아요.

✓ 2,000원 × 2인분 = 4,000원

치킨보다 더 맛있어요, 맛있게 예쁘게 즐겨요.
치킨너겟 꼬치 라이스!

# 치킨너겟 꼬치 라이스

가끔은 냉장고가 아닌 냉동실을 열어 뒤적거려요. 냉동실에 무엇이 들어 있는지 확인하죠. 이렇게 가끔 점검을 하지 않으면 방치해 놓고 계속 쓰지 않는 재료들이 쌓이게 되더라구요. 어떤 친구는 자기 집 냉동고를 판도라의 상자라고 불러요. 문 열기 두렵다고 하더라구요.

우리는 냉장, 냉동 기능의 발달로 음식을 더 신선하게 더 오래 두고 먹을 수 있게 되었지만, 냉장고가 아닌 판도라의 상자로 만들어버리는 과유불급의 우를 범하기도 하죠. 하지만 심각하게 생각할 것 없어요. 괜찮아요. 가끔 저처럼 냉장고 앞에 자리를 잡고 냉동실을 뒤적여 보세요. 아, 마침 치킨너겟이 눈에 띄네요. 오늘 저녁 메뉴는 치킨너겟을 꼬치에 끼워 색다르게 즐겨볼까 합니다.

치킨너겟 꼬치 라이스
총 4,000원

귀여운 모양의 치킨너겟은 치킨 대신 저렴하게 즐길 수 있는 좋은 냉동식품입니다. 치킨너겟과 구운 파을 함께 먹으면 참 맛이 좋은데, 이 둘을 꼬치로 만들어 고추장 바비큐 소스 넉넉히 뿌려 밥에 얹어 드셔 보세요.
매콤 달콤한 소스를 밥에 발라 하나씩 쏙 빼먹으면 맛있는 밥 요리가 된답니다.
여기에 항상 생으로만 아작아작 먹던 양상추를 살짝 구워 함께 즐기면 부드러운 식감과 맛이 치킨너겟 꼬치의 풍미를 높여줘요. 꼭 잊지말고 함께 드셔보세요.

1000원
2350원
150원

### 주재료

| 냉동 치킨너겟 12개 | 2350원 |
| 대파 1대 | 1000원 |
| 양상추 큰 잎 2장 | 150원 |

### 부재료

식용유 약간

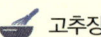 고추장 바비큐 드레싱

고추장 2큰술, 토마토케첩 3큰술, 바비큐 소스 1큰술, 딸기 잼 1큰술, 진간장 1큰술, 다진 마늘 1큰술, 올리고당 2큰술, 물 1큰술

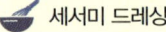 세서미 드레싱

깨소금 2큰술, 진간장 1큰술, 식초 1큰술, 설탕 1큰술, 올리브유 1큰술

둘이서 맛있게 5900원

① 분량의 고추장 바비큐 드레싱 재료를 냄비에 넣어 한소끔 끓여 준다.
달콤한 맛을 내기 위해 과일 잼을 약간 넣어 주면 좋다.

② 해동시킨 치킨너겟과 3cm 길이로 썬 대파는 식용유를 두른, 팬에서 노릇하게 구워 준다.
대파는 센 불에서 구워야 수분이 나오지 않는다.

③ 같은 팬에 큼직막하게 썬 양상추를 센 불에서 1~2초 정도 재빨리 볶는다.
구운 치킨너겟과 대파를 꼬치에 끼워 1의 소스를 뿌리고 구운 양상추 위에도 드레싱을
뿌려 밥과 함께 상에 낸다.

---

★ 사이드 디쉬 : 적양파 피클

적양파 1/2개　　　　**500원**
식초 2큰술, 설탕 1큰술, 꽃소금
1/2작은술

슬라이스한 적양파에 위 분량의
양념을 넣어 골고루 버무린 후,
30분 정도 숙성시킨다.

**Tip**
양상추를 센 불에서 살짝 구워 내면 식감이
부드러워지고 풍미가 좋아져요.
대파와 함께 드시면 치킨너겟의 느끼한 맛
을 중화시킬 수 있어요.

✓ 2,790원 × 2인분 = 5,580

타이음식, 꼭 식당에서만 즐기란 법 있나요?
집에서도 쉽고 맛있게 즐기는 타이 비빔 만두!

Food RECIPE

# 타이 비빔 만두

냉동 칸을 들여다보면 항상 고이 모셔져 있는 식재료가 있어요. 바로 냉동 만두죠. 유통 기한이 길다 보니 냉동실에 장기투숙을 하는 경우가 많아요. 전자레인지에 돌리면 그만일 정도로 조리법도 간단한 데 말예요. 그래서 저는 생각했어요. 어떻게 하면 반찬처럼 먹을 수 있을까? 그때 떠오른 단어가 '타이'예요. 동남아식 젓갈인 '피시 소스'가 만두와 잘 어울릴 것 같았죠. 다만, 마침 사용하던 피시 소스가 딱 떨어져서 대신 '까나리 액젓'을 넣어 봤어요. 그랬더니 타이와 우리나라의 맛이 결합된, 아주 고급스러운 음식이 탄생했어요. 언젠가 친구들이 놀러 왔을 때 이 메뉴를 선보였어요. 친구들은 말했죠. "어머, 레스토랑에서 먹을 법한 메뉴야!"

**타이 비빔 만두**
총 5,580원

냉동 만두는 기름에 굽게 되면 자칫 느끼할 수 있어 비빔 만두로 즐기곤 해요.
초고추장에 채소와 함께 먹어도 좋지만 가끔은 타이식으로 즐겨도 좋답니다.
레스토랑에서 즐길 법한 멋진 요리를 집에서도 금세 쉽고 빠르게 만들 수 있어요.
지친 나를 위한 상큼한 메뉴로도 좋고 여럿이 함께 즐기기에도 부족함이 없어요.

### 주재료

| | |
|---|---:|
| 냉동 만두 14개 (490g 한 봉지) | 4000원 |
| 무 5cm 한토막 | 210원 |
| 당근 5cm 한토막 | 250원 |
| 양파 1/2개 | 200원 |
| 풋고추 또는 오이 맛 고추 2개 | 270원 |
| 청양고추 1개 | 100원 |
| 홍고추 1개 | 450원 |
| 보리새우 1큰술 | 100원 |

### 부재료

 **단촛물**

식초 4큰술, 설탕 4큰술,
피시 소스 또는 까나리 액젓 1큰술

 **타이 칠리 드레싱**

스리라차 칠리소스 4큰술, 스위트 칠리소스 4큰술, 피시 소스 또는 까나리 액젓 1큰술,
레몬즙 2큰술, 다진 마늘 1큰술, 설탕 2큰술,
위 분량의 청양고추 다진 것과 보리새우 간 것

둘이서 맛있게 5900원

> **Tip**
> 동남아식 젓갈인 피시 소스 대신 까나리 액젓을 사용해도 좋아요.
> 보리새우는 마른 팬에 볶은 후 갈아서 사용해야 비린내가 나지 않아요.

① 무, 당근, 씨를 제거한 오이 맛 고추는 곱게 채를 썰어 분량의 단촛물에 20분간 재운다.

② 분량의 타이 칠리 드레싱 재료에 다진 청양고추, 마른 팬에 볶아 곱게 부순 보리새우를 넣어 골고루 섞는다.

③ 단촛물에 재운 채소를 건져 내어 완성 접시에 담는다. 그 위에 해동시켜 식용유를 두른 팬에 구운 만두를 얹는다. 마지막으로 타이 칠리 드레싱을 끼얹어 완성한다.

✓ 2,185 × 2인분 = 4,370

귀여운 물만두를 바삭바삭,
새콤달콤하게 즐기는 탕수 만두!

# 탕수 만두

저는 주택생활을 통해 여유라는 보물을 얻게 되었어요. 계절의 변화를 온 몸으로 껴안을 수 있고, 책과 음악이라는 친구와 더 돈독해지는 시간을 가질 수 있게 되었지요. 저는 좋은 음식이 우리의 몸을 건강하게 하듯, 이런 여유로운 시간이 우리의 영혼을 맑게 만든다고 믿어요.

저는 아주 예전부터 소망상자를 하나 가지고 있었어요. 그 상자 안에는 아주 작은 것부터 원대한 것까지 다양한 크기의 소망이 들어있었어요. 바라던 일을 차근 차근 이루어 나갈 때마다 행복과 만족을 느끼죠.

혹시 소망상자를 생각해보신 적이 없으신가요? 그렇다면 지금부터라도 꼭 하나 만들어보세요. 사소한 것이라도 괜찮아요. 하나씩 담아가며 재미를 찾다보면 큰 꿈을 담을 수 있고, 하나씩 꺼내 이루다보면 행복을 만날 수 있을 거에요.

**탕수 만두**
총 4,370원

귀여운 냉동 물만두가 냉동실에 한 봉지 있다면, 별다른 식재료가 없어도 오케이. 전골이나 찌개에 넣어도 좋고 가끔은 그냥 삶아 물만두로 즐겨도 좋지만, 바삭하게 튀겨 내어 탕수로 즐기면 기분 좋은 식감과 풍미에 반하게 될 겁니다.
통조림 속 파인애플 국물을 활용해 탕수 소스를 만들어주면, 과일향 가득한 탕수 만두를 즐기실 수 있답니다.

### 주재료

| | |
|---|---|
| 냉동 물만두 20개 (300g) | 2650원 |
| 청피망 1/2개 | 300원 |
| 홍피망 1/2개 | 300원 |
| 양파 1/2개 | 200원 |
| 통조림 파인애플 2장 | 920원 |

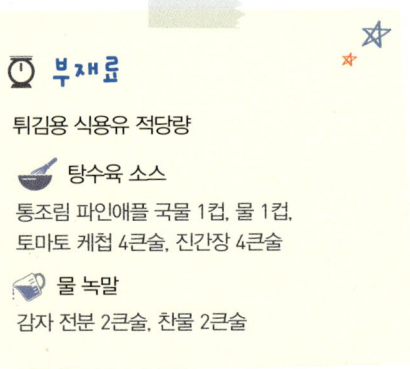

### 부재료

튀김용 식용유 적당량

🥣 **탕수육 소스**
통조림 파인애플 국물 1컵, 물 1컵, 토마토 케첩 4큰술, 진간장 4큰술

🥣 **물 녹말**
감자 전분 2큰술, 찬물 2큰술

① 해동한 냉동 물만두는 노릇하게 튀겨 종이 타월 위에 올려놓고 기름기를 제거한다.
② 굵게 썬 양파, 피망은 식용유를 두른, 센 불의 팬에서 재빨리 볶는다.
③ 2의 볶은 야채와 굵게 썬 파인애플에 분량의 탕수육 소스를 넣고 한소끔 끓이다가 물 녹말을 넣어 농도를 맞춘다. 완성 접시에 튀긴 물만두를 담고 탕수육 소스를 뿌려 완성한다.

> **Tip**
> 탕수육 소스에 통조림 파인애플 국물을 넣어 주면 풍미와 단맛이 더 살아나면서 추가로 식초, 설탕을 넣지 않고도 간편하게 만들 수 있어요.
> 또한 튀길 때에는 젓가락으로 저어 가며 튀겨야 재료의 수분이 빠져나와 더 바삭한 튀김이 되어요.

✓ 1,680원 × 2인분 = 3,360
둘이서 특별하게, 멋지게 즐기는 피시 버거!

# 피시 버거

흔히 고양이에게 생선을 맡겨 놓았다는 말이 있죠? 저는 자주 그런 상황을 겪어요. 생선을 좋아하는 제가 요리를 하다 보면 식재료로 생선을 마주하는 경우가 많기 때문이죠.

생선을 재료로 한 음식 중에서도 명절날 부쳐먹는 동태전을 참 좋아해요. 저희 어머니는 동태전을 직접 준비하세요. 가시도 하나하나 빼시죠. 그래서 그런지 사서 먹는 것보다 맛이 좋아요. 하얀 살 생선이 노란 계란 옷을 입고 지글지글 구워지는 모습을 보고 있으면, 생선을 앞에 둔 고양이처럼 침을 꼴깍 삼키고 있는 제 모습을 발견할 수 있어요. 명절날 잔뜩 먹고 남은 건 모두 싸오는데, 저는 그냥 데워 먹기도 하고 버거를 만들어 먹기도 해요. 레시피가 궁금하시다면 다음 페이지의 내용을 주목해 주세요.

## 피시 버거
### 총 3,360원

피시 버거가 별건가요?
생선을 손질하는 번거로움 없이 냉동 생선가스를 튀겨 내어, 부드러운 디너 롤에 채소들과 타르타르소스 얹어 만들면 금세 뚝딱 완성입니다.
생선가스가 없을 땐, 먹다 남은 생선전을 활용해서 즐겨도 좋아요.

### 주재료

| | |
|---|---:|
| 냉동 생선가스 2개 | 1200원 |
| 디너 롤 (또는 모닝 빵) 2개 | 200원 |
| 토마토 슬라이스 2조각 | 350원 |
| 오이 피클 2개 | 800원 |
| 체다 치즈 2장 | 560원 |
| 양상추 2장 | 150원 |
| 양파 1/4개 | 100원 |

### 부재료

튀김용 식용유 적당량

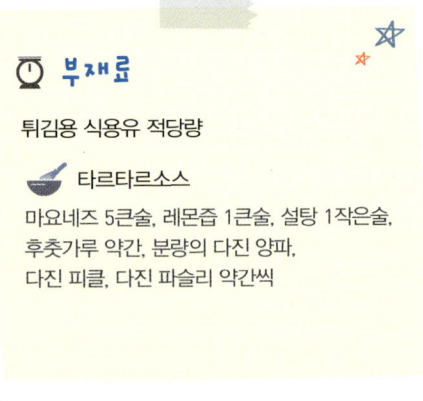

타르타르소스

마요네즈 5큰술, 레몬즙 1큰술, 설탕 1작은술, 후춧가루 약간, 분량의 다진 양파, 다진 피클, 다진 파슬리 약간씩

둘이서 맛있게 5900원

> **Tip**
> 생선가스 대신에 먹고 남은 생선전에 빵가루를 입혀 튀겨도 좋아요.

① 분량의 타르타르소스 재료를 볼에 넣어 골고루 섞는다.
  피클은 버거에 넣고 남은 자투리를 이용한다.
② 해동한 생선가스는 노릇하게 튀겨 종이 타월 위에 올려서 기름기를 제거한다.
③ 디너 롤을 반으로 잘라 한 개의 밑면에 타르타르소스를 바르고
  양상추 → 생선가스 → 슬라이스한 오이 피클 → 타르타르소스 → 체다 치즈 →
  토마토순으로 얹고, 나머지 디너 롤을 위에 덮어 완성한다.

# Part 3

# 로맨스가 필요한 날
## 심쿵 메뉴

# Food ✓ 2,870원 × 2인분 = 5,740원

사랑이 차곡차곡 쌓이는 행복한 요리,
가지 호박 그라탕!

# 가지 호박 그라탕

흔히 말하는 잉꼬부부는 바로 저희 부모님 같은 분들을 두고 하는 말일 거예요. 저는 이런 부모님을 보고 자라서 그런지 어릴 때부터 빨리 결혼을 하고 싶었어요. 그래서 남편과 오랜 기간 연애를 하다가 '이 사람이라면' 하는 확신이 든 어느 날 제가 먼저 고백했지요. "우리 결혼해서 같이 살면 지금보다 더 잘살 수 있을 것 같지 않아요?" 나란히 걷고 있던 남편은 제자리에 멈춰 서서 귀가 발그레해졌답니다.

고백했던 날을 생각하면 지금도 가슴속이 간질거려요. 저는 결혼 후 남편과 나눈 수많은 집밥만큼이나 사랑을 차곡차곡 쌓아가고 있어요. 남편이 먹는 모습을 보면 안 먹어도 배부르고 예쁘기만 해요. 밥을 함께 먹으면 그 사람을 향한 감정을 알 수 있어요.

가지 호박 그라탕
총 5,740원

라자냐 면 대신 채소를 켜켜이 쌓아 굽는 그라탕은 채소를 듬뿍 즐길 수 있을 뿐만 아니라, 기름진 맛도 함께 느낄 수 있어 매력적이에요. 켜켜이 쌓아 미리 준비해 두었다가 기다리는 사람의 퇴근시간에 맞춰 따뜻하게 구워 내어 보세요. 둘이서 나누기에 딱 좋답니다.

1100원  
600원  
2640원  
500원  
200원  
500원  
200원

### 주재료

| | |
|---|---|
| 가지 1개 | 600원 |
| 애호박 1개 | 1100원 |
| 돼지고기 다짐육 200g | 2640원 |
| 양파 1/2개 | 200원 |
| 우유 1과 1/3컵 (240ml) | 500원 |
| 무염 버터 4큰술 | 500원 |
| 계란 1개 | 200원 |

### 부재료

 토마토소스

옆의 분량에 맞게 준비한 돼지고기와 양파 다진 것, 다진 마늘 1큰술, 베트남 건홍고추 3개, 토마토 케첩 6큰술, 우스터소스 2큰술, 레드와인 2큰술, 설탕 1큰술, 꽃소금 1작은술, 식용유와 후춧가루 약간씩

 크림소스

분량의 우유와 버터, 밀가루 4큰술, 꽃소금 1/2작은술, 계핏가루, 파마산 치즈 약간씩

> **Tip**
> 쭉쭉 늘어나는 치즈의 식감을 즐기고 싶다면 피자 치즈를 뿌려도 좋아요.

① 호박은 0.5cm, 가지는 1cm 두께로 길게 슬라이스하여 열이 오른 팬에서 꽃소금을 살짝 뿌려 가며 노릇하게 구워 낸다. 가지는 구워지면서 두께가 얇아지기 때문에 조금 도톰하게 썬다.

② 약불의 팬에 버터를 넣어 녹으면 밀가루를 넣어 몽울지지 않게 섞어 볶는다. 그러고는 미지근한 우유를 넣고 저어 가며 되직해지도록 끓여 소금으로 간을 맞추고 불에서 내린다. 10분 정도 충분히 식힌 후 계란노른자와 계핏가루를 넣고 골고루 섞어 준비한다. 계란노른자를 넣어 주면 부드러운 식감과 풍미를 느낄 수 있다.

③ 식용유를 두른, 열이 오른 팬에 다진 양파, 마늘, 베트남 건홍고추를 넣어 볶다가 다진 돼지고기와 와인을 넣고 볶는다. 고기가 익으면 토마토 케첩, 우스터소스, 설탕, 꽃소금으로 간을 맞추고 토마토소스를 준비한다.

④ 오븐 용기에 구운 호박 → 토마토소스 → 구운 가지 → 토마토소스순으로 켜켜이 올린다.

⑤ **2**의 크림소스를 위에 올리고 파마산 치즈를 뿌린 뒤, 180도로 예열된 오븐에서 20분간 구워 완성한다.

가지 호박 그라탕

✓ 2,940원 × 2인분 = 5,880원

영양 가득, 정성 가득 돌돌 말아 예쁘게 즐기는 롤 캐비지!

# 롤 캐비지

주말에 집에서 영화를 봤어요. 할머니가 영화 속 주인공에게 호감을 표시하기 위해 롤 캐비지 만드는 장면이 있었는데, 꽤 길고 자세히 묘사되었더라구요. 예전에 영화의 앞부분만 잠깐 보고 미뤄 둔 영화였는데, 막상 끝까지 보고 나니 정말 좋았어요. 특히 롤 캐비지를 만드는 장면은 음식을 만드는 사람의 진심이 잘 표현되어 있었어요. 음식을 통해 전하려 했던 마음은 결국 주인공에게 닿지 못했지만, 음식과 두 사람의 관계 모두 인상적이었어요.

음식이 추억이 될 수 있는 이유는 만드는 사람의 정성과 그것을 먹는 사람이 느끼는 감정, 이 둘을 끈끈하게 이어 주는 매개체이기 때문 아닐까요? 왠지 정성껏 한 요리를 좋은 사람과 나누고 싶은 밤이네요.

총 5,880원

다진 소고기와 밥을 함께 버무려 필링으로 만들어 양배추에 감싸 익힌 롤 캐비지는 우유에 끓여 내지만 느끼하지 않고 개운한 맛이 일품입니다.
여러 개 만들 필요도 없이 큼직하게 몇 개만 만들어 익혀 내면 되니 만들기도 간편해요. 색다른 밥이 필요한 날 사이 좋게 둘이서 나누어 보세요.

### 주재료

| | |
|---|---|
| 양배추 큰 잎 4장 | 500원 |
| 다진 소고기 150g | 3750원 |
| 양파 1/2개 | 200원 |
| 체다 치즈 2장 | 560원 |
| 우유 1과 2/3컵 | 630원 |
| 생 파슬리 한 송이 | 120원 |
| 버터 1큰술 | 120원 |

### 부재료

식용유, 참기름, 후춧가루 약간씩

**속 반죽**

밥 1공기, 위 분량의 소고기
위 분량의 양파와 파슬리, 체다 치즈 다진 것,
꽃소금 1작은술, 후춧가루 약간

둘이서 맛있게 5900원

80

> **Tip**
> 양배추는 너무 오랫동안 데치면 물컹해지고 색도 누렇게 변하기 때문에 겉면이 부드러워질 때까지만 데쳐야 해요.
> 또한, 찬물에 헹구면 비린내가 나기 때문에 체반에서 넓게 펼쳐 물기만 빼 줍니다.

① 양파와 체다 치즈는 다져서 분량의 속 반죽 재료와 함께 볼에 담아 골고루 섞는다.

② **1**의 속 반죽을 타원형으로 뭉쳐, 끓는 물에 데친 양배추잎에 올려 양옆을 감싸 돌돌 말아 준다. 양배추의 줄기 부분을 미리 칼로 져며 내어야 말기 쉽다.

③ 열이 오른 팬에 버터를 두른 후, **2**의 양배추 롤을 앞뒤로 노릇하게 구워 준다.

④ 냄비에 양배추 롤을 담고 물을 넣어 1/3까지 줄어들 때까지 끓여 익혀 준다.
속 재료가 익으면서 단맛이 우러나오면, 우유를 넣어 한 번 끓여 준 후, 소금으로 간을 맞추고 후춧가루를 뿌려 완성한다.

# 리조또

리조또는 마치 한국말을 잘하는 외국 친구 같은 음식이에요. 우리 주식인 쌀을 이용한 요리라서 친근하고 반갑지만 또 한편으로는 양식이고, 만들기 어려운 음식이라는 인식이 자리잡고 있지요.

일정한 점도와 부드러운 식감, 그리고 다른 재료의 맛과 잘 어우러지는 음식이 바로 리조또인데요. 조금 정성을 들여야 하는 것은 사실이지만 만들기 어렵지는 않아요.

저는 요즘처럼 날이 춥고 목이 간질간질할 때, 부드러운 음식을 찾는 남편을 위해 만들어요. 고소하고 부드러운 리조또를 먹으면 초기 목감기도 뚝 떨어지고, 얼었던 몸도 스르르 풀리는 신기한 경험을 할 수 있을 거예요.

리조또
총 3,700원

크리미한 맛을 즐길 수 있는 쌀 요리인 리조또를 집에서 직접 만들어 보세요. 오랜 시간 저어주며 끓여야 해서 조금 수고스러울 수 있지만, 완성된 리조또를 한 입 먹어보면 맛에 놀라고, 뿌듯함에 기분 좋아질 거예요. 가끔은 가볍고 부드러운 음식으로 맛있는 한 끼 즐기세요.

### 주재료

| 씻어 나온 쌀 1컵 | 400원 |
| 베이컨 3줄 | 1020원 |
| 브로콜리 1/2개 | 990원 |
| 양파 1/2개 | 200원 |
| 무염 버터 1큰술 | 120원 |
| 우유 1컵 | 370원 |
| 생크림 1/2컵 | 600원 |

### 부재료

다진 마늘 1큰술, 화이트 와인 2큰술, 올리브유 4큰술, 소금 약간

 후첨 재료

위 분량의 생크림과 브로콜리 데쳐 다진 것, 파마산 치즈 3큰술, 꽃소금과 후춧가루 약간씩

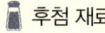 육수

따뜻한 물 3컵, 치킨 스톡 1작은술

둘이서 맛있게 5900원

① 올리브유를 두른, 열이 오른 팬에 다진 마늘, 쌀알 크기로 다진 양파와 1cm 크기 썬 베이컨을 넣어 볶는다. 양파는 아주 잘게 다져야 크리미한 식감을 즐길 수 있다.
② 양파가 투명하게 볶아지면 쌀을 넣어 볶는다.
③ 쌀알이 투명하게 볶아지면 화이트 와인을 조금씩 부어 가며 쌀에서 전분기가 나오도록 볶는다.
④ 분량의 육수에 우유를 섞은 것을 한 국자씩 부어 넣고, 중불에서 25분 ~30분 정도 저어가며 볶는다.
⑤ 쌀알이 알맞게 익으면 불에서 내려 끓는 소금물에 데쳐 잘게 다진 브로콜리, 버터, 생크림, 파마산 치즈를 넣어 섞고 모자라는 간은 소금으로 간을 맞춘다.

**Tip**
불 조절과 볶는 정도에 따라 쌀알이 익는 정도가 다를 수 있으니 쌀알이 적당히 익지 않았다면 추가로 물을 부어 가며 저어 끓여 주세요.

✓ 2,815원×2인분=5,630원

둘이서 맛있게 즐기는
발사믹 방울토마토 치킨 마리네이드!

# 발사믹 방울토마토
# 치킨 마리네이드

저희 집 가까이 사는 친한 친구가 자격증 공부에 열을 올리던 시기가 있었어요. 몇 달 간 열심히 공부하는 모습을 곁에서 지켜봤죠. 아이를 유치원에 보내고, 남편을 출근시키고는 도서관에 간다고 했어요. 이야기를 하다 친구의 얼굴을 보니 조금 지쳐보였어요. 그래서 저는 친구를 응원할 방법을 고민했죠.

시험 전날 아침에 톡을 보냈어요. 아직 아침 식사를 하지 않은 걸 알 수 있었어요. 저는 음식을 준비해 친구 집에 찾아갔죠. 없던 입맛을 되찾아줄 상큼한 발사믹드레싱에 토마토와 닭가슴살을 버무린 샐러드를 보고 기분이 좋아진 친구는 저를 꼬옥 껴안았죠. 가끔은 한 마디 말보다 정성을 들인 음식 한 접시가 마음을 표현해주기도 해요.

**발사믹 방울토마토 치킨 마리네이드**
총 5,630원

토마토와 발사믹 식초의 궁합은 참 좋아요.
맛있게 만든 발사믹 드레싱에 버무린 방울토마토는 상큼한 드레싱을 쏙~ 흡수해 입안에서 하나씩 톡톡 터지는 맛이 일품입니다. 고기 요리에 곁들이거나 별다른 재료 없이 빵에 살짝 올려만 드셔도 매력적인 메뉴입니다.

1710원
200원
3450원
150원
120원

### 주재료

| | |
|---|---|
| 손질 닭다리 살 3조각 | 3450원 |
| 방울토마토 20알 | 1710원 |
| 양파 1/2개 | 200원 |
| 대파 10cm 한 토막 | 150원 |
| 생 파슬리 한 송이 | 120원 |

### 부재료

**발사믹 마리네이드**
발사믹 식초 6큰술, 올리브유 6큰술, 꿀 3큰술, 설탕 3큰술, 꽃소금 1작은술,
레몬 또는 라임 주스와 후춧가루 약간씩

**닭다리 살 밑간**
꽃소금 1작은술, 청주 2큰술,
건바질이나 건파슬리 가루와 후춧가루 약간씩

둘이서 맛있게 5900원

> **Tip**
> 기호에 따라 완성된 음식에 치즈와 빵을 곁들여 드셔도 좋아요.

1. 십자모양으로 칼집을 주어 끓는 물에 데친 방울토마토는 껍질을 벗겨 분량의 발사믹 마리네이드 재료에 버무려 냉장고에서 반나절 이상 숙성시킨다.
2. 밑간한 닭다리 살은, 굵게 썬 양파와 대파를 미리 깔아 놓은, 김이 오른 찜통에서 쪄 준다.
3. 찜통에서 잘 익은 닭다리 살은 한입 크기로 찢어 완성 접시에 담고, 그 위에 **1**에서 숙성시킨 발사믹 방울토마토를 끼얹어 상에 낸다.

2,265 × 2인분 = 4,530원
오늘 뭐 먹지 고민될 땐,
향긋한 부추페스토 파스타!

# 부추페스토 파스타

지금은 남편과의 둘 밥이 익숙해졌어요. 함께 메뉴를 고민하는 재미도 쏠쏠하죠. 둘이서 먹었던 밥 중 특히 기억에 남는 식사는 신혼집에서의 식사예요. 부부로 함께 살아갈 신혼집에 처음 입주한 날, 저희는 외식을 했어요. 친구들이 집들이 선물로 조리기구를 찜 해놓은 덕분에 부엌에는 아직 조리도구가 준비되지 않은 상황이었어요. 그래서 둘이 손잡고 동네를 산책을 하다가 집 근처 식당에 들어갔죠.

평범한 식사였지만 참 좋았어요. 작은 농담에도 웃음이 빵빵터지고, 서로를 먹여주면서 참 즐겁고 유쾌한 시간이었지요. 식사에 대한 추억은 다양한 상황에 따라 기억의 결이 달라지지만, 결국 함께 한 사람이 가장 오래 기억되는 것 같아요. 제게 그날의 식사는 젊은 시절 빛나는 기억의 한 조각이랍니다.

### 부추페스토 파스타
### 총 4,530원

비싼 페스토 소스는 잊어도 좋아요. 바질같은 비싼 허브류 대신 향이 좋은 부추로 페스토 소스를 만들어 두면 파스타 생각나는 날 간편하게 볶아 맛있게 즐길 수 있어요. 남은 부추페스토 소스는 빵에 발라 즐겨도 맛있답니다.

560원
180원
800원
2000원
990원

#### 주재료

| | |
|---|---|
| 페투치네 4덩어리 | 800원 |
| 부추 반 줌 | 560원 |
| 잣 1/2컵 | 2000원 |
| 깐 마늘 6톨 | 180원 |
| 바지락 8개 | 990원 |

#### 부재료

올리브유 약간, 베트남 건홍고추 3개, 후춧가루 약간

 페스토 소스

위 분량의 부추, 위 분량의 1/2의 깐 마늘, 파마산 치즈 2큰술, 올리브유 1/2컵, 꽃소금 1/2작은술

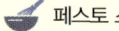 파스타 삶을 물

물 1.5L, 꽃소금 1큰술, 올리브유 약간

> **Tip**
> 부추 대신 냉이나 깻잎 등 향이 좋은 채소로 페스토 소스를 만들어 활용해보세요.
> 페스토 소스는 파스타 뿐만 아니라 그냥 빵에 발라 드셔도 좋아요.

① 블렌더에 굵게 썬 부추와 슬라이스한 마늘과 위 분량의 페스토 소스 재료를 넣어 곱게 갈아 준다.

② 올리브유를 두른, 열이 오른 팬에 슬라이스한 마늘과 부순 베트남 건홍고추를 넣고 볶다가 삶은 페투치네와 바지락을 함께 넣어 볶는다.
이때, 파스타 삶은 국물을 넣어 가며 바지락 입이 벌어지도록 볶는다.

③ 불에서 내리기 직전 부추페스토 소스를 넣어 살짝 볶아 완성한다.

부추페스토 파스타

✓ 2,935원 × 2인분 = 5,870원
둘이서 맛있게 즐기는 세인트루이스 피자!

# 세인트루이스 피자

12월은 왠지 모르게 사람의 기분을 들뜨게 하는 달인 것 같아요. 주위를 둘러보면, 한 해를 마무리하는 사람들의 얼굴에서 기분좋은 설렘이 느껴져요. 저희 부부도 연말 분위기를 내러 가는 곳이 있지요. 사람 많은 곳을 싫어해서 일부러 꼭꼭 숨어 있는 맛집을 찾아갑니다. 인적이 뜸한 뒷골목의 국밥집, 꼬불꼬불 골목길 안쪽의 주막집 등은 저희 커플의 D-DAY 아지트예요. 불금, 연휴, 그 어느 때에도 이곳은 한적하답니다.
올해는 피자집에 갔어요. 피자 외에도 이런저런 이탈리아 음식을 파는 작고 아담한 식당이었죠. 남편과 함께 아늑한 공간에서 맛있는 음식을 즐기며 도란도란 이야기를 나누다보니 기분이 좋아졌어요. 저와 취향이 잘 맞는 남편도 이 공간을 좋아하는 것 같았어요. 사랑하는 사람과 함께하는 작은 아지트 공간을 여러분도 만들어보세요.

### 세인트루이스 피자
**총 5,870원**

피자도우 발효가 따로 필요 없는 세인트루이스식 피자를 소개해드려요. 별도의 발효 시간이 필요하지 않아, 부담 없이 만들어 볼 수 있어요. 채소 토핑을 넉넉히 얹으면 느끼하지 않고 고소한 피자 본연의 맛을 즐길 수 있답니다.

370원 / 600원 / 550원 / 200원 / 700원 / 600원 / 1500원 / 150원 / 1200원

---

### 주재료

|  |  |
|---|---|
| 애호박 1/2개 | 550원 |
| 가지 1/2개 | 600원 |
| 토마토 홀 400g 1/2 캔 | 700원 |
| 토마토 페이스트 2큰술 | 150원 |
| 양파 1/2개 | 200원 |
| 어린잎 채소 또는 와일드 루꼴라 한 줌 | 600원 |
| 슈레드 피자 치즈 1컵 | 1500원 |
| 우유 1/2컵 | 370원 |
| 마스카포네 치즈 또는 리코타 치즈 4큰술 | 1200원 |

### 부재료

올리브유 약간

 **도우 반죽**

위 분량의 우유, 중력분 130g, 올리브유 1큰술, 베이킹 파우더 2작은술, 설탕 2작은술, 소금 1/2작은술

 **토마토소스**

분량의 토마토 홀과 페이스트, 분량의 양파 다진 것, 다진 마늘 1작은술, 우스터 소스 2큰술, 레드 와인 2큰술, 설탕 2큰술, 소금 1/2작은술

둘이서 맛있게 5900원

① 애호박과 가지는 못난이 썰기로 썬 뒤, 소금을 살짝 뿌려 팬에서 구워 준다.

② 올리브유를 두른, 열이 오른 팬에 다진 양파, 다진 마늘을 넣어 볶다가 위 분량의 토마토소스 재료를 넣어 수분이 반 정도 졸아들 때까지 끓여 준다.

③ 체에 거른 마른 가루(밀가루, 베이킹 파우더, 설탕, 소금)에 우유를 넣어 반죽이 뭉쳐 주면 올리브유를 넣어 글루텐이 형성되지 않게 조금만 치댄다.
완성된 반죽을 유산지 위에 놓고 밀대로 얇게 밀어 준다.

④ 도우에 올리브유를 살짝 발라 준 후, 토마토소스 → 구운 채소 → 피자 치즈순으로 올린 후 미리 예열해둔 200도 오븐에서 12분간 구워 준다.
완성된 피자에 어린잎 채소나 루꼴라를 뿌리고 마스카포네 치즈를 얹어 완성한다.

**Tip**
도우에 소스를 바르기 전 올리브유를 발라주면 토마토소스가 도우에 스며들지 않아 빵이 질척이지 않아요.
기호에 따라 구운 고기나 생 토마토 등을 토핑으로 올려 드세요.

# 크림소스 펜네

비 오는 날, 눈 감으면 그려지는 풍경이 있어요. 투덕투덕 처마에서 마당으로 빗방울이 모여 떨어집니다. 빗물에 젖어 가는 흙내음이 마음까지 설레네요. 마당 한가운데로 보이는 할머니의 크고 작은 장독대들 뚜껑 위로 빗물이 튀어 대는 모습이 꼭 춤추는 요정들 같았지요. 장독대 옆의 커다란 감나무의 두꺼운 잎사귀에 빗물이 쓸려 내리는 모습이 참 아름다워요. 풍경을 떠올리면 기분이 좋아져요. 그렇게 얻은 힘은 맛있는 요리를 만드는 데 사용하죠. 남편이 말해요, 비오는 날 평소보다 더 맛있는 음식이 차려지는 것 같다고. 그럴 때마다 생각하죠. 기억이 곧 최고의 조미료가 아닐까 하고요.

크림소스 펜네
총 5,900원

길다란 일반 스파게티 면 대신 펜 촉 모양으로 비스듬이 잘린 쇼트 파스타인 펜네를 사용해보세요. 펜네는 소스를 듬뿍 즐기기에 참 좋은 파스타입니다. 버섯과 베이컨만 있으면, 별다른 재료가 없어도 맛있는 크림소스를 만들 수 있어요.
와인 한 잔과 함께 곁들이며 분위기를 낼 수 있는 멋진 메뉴예요.

### 주재료

| | |
|---|---|
| 펜네 2컵 | 1200원 |
| 베이컨 5줄 | 1700원 |
| 양송이버섯 2개 | 1000원 |
| 양파 1/2개 | 200원 |
| 대파 7cm 한 토막 | 100원 |
| 우유 1과 1/3컵 | 500원 |
| 생크림 1/2컵 | 1200원 |

### 부재료

올리브유 3큰술, 밀가루 중력분 3큰술,
꽃소금 1작은술, 설탕 1작은술, 후춧가루 약간

파스타 삶을 물

꽃소금 1큰술, 올리브유 약간, 물 1.5L

둘이서 맛있게 5900원

> **Tip**
> 생크림이 없을 때에는 우유의 양을 생크림만큼 대신해도 좋아요.
> 컬러펜네 대신 일반 펜네를 사용하면 가격을 줄일 수 있고, 마카로니나 콘킬리에 같은 다른 종류의 숏 파스타류를 사용해도 좋아요.

① 다진 베이컨과 양파, 대파를 올리브유를 두른, 열이 오른 팬에서 볶다가 슬라이스한 양송이버섯을 넣어 볶는다.

② 1에 밀가루를 넣어 골고루 섞은 후, 생크림과 우유를 넣어 한소끔 끓인 후, 소금, 설탕으로 간을 맞춘다.

③ 2에 삶은 펜네를 넣어 소스 간이 배이도록 섞듯이 볶는다. 마지막으로 후춧가루를 뿌려 완성한다.

크림소스 펜네

✓ 1,020원×4인분=4,090원
상콤·달콤·쌉쌀한 맛이 매력적인, 무알코올 파인애플 모히또!

# 무알코올 파인애플 모히또

별첨음료

모히또 하면 어떤 분은 영화 대사를 떠올리더라구요. "모히또 가서 몰디브나 한잔 하자" 이 명대사를 기억하는 분이 많으실 거예요. 하지만 저는 모히또 하면 노을진 하늘이 떠올라요. 남편과 가을에 남해 바다로 여행을 갔을 때였어요. 맛있는 음식도 먹고 알차게 관광지를 돌아다닌 후 바다가 보이는 숙소에 들어왔어요. 저는 가방에서 모히또 재료를 꺼냈죠.

사실 모히또는 헤밍웨이 덕분에 이름을 알린 음료라고 할 수 있어요. 특히 쿠바에 머무르며 붉게 물든 하늘을 안주 삼아 모히또를 즐겼다는 일화가 유명하죠. 저는 이번 여행지에서 그걸 실현해 볼 계획이었어요. 처음엔 의아해 하던 남편도 즐거워했죠. 시간이 지나도 남편과 저는 그날의 모히또 한잔과 노을을 추억하며 즐겁게 이야기하곤 해요.

무알코올 파인애플 모히또
총 4,090원

로맨스가 필요한 날 먹을 수 있는 메뉴를 선정하다가 별첨으로 음료도 소개해드리면 좋겠다고 생각했어요. 저희가 소개해드릴 음료는 무알코올 모히또예요. 어떤 메뉴와도 잘 어울리고 조리법도 어렵지 않아요. 비싼 허브나 생과일을 샐러리 잎과 파인애플 통조림으로 대체하여, 저렴하고 맛있게 즐길 수 있어요. 알코올이 당기는 날엔 소주를 살짝 가미해 즐기셔도 좋아요.

### 주재료

| | |
|---|---|
| 통조림 파인애플 2장 | 1840원 |
| 샐러리 이파리 한 줌 | 100원 |
| 탄산수 2개 | 1700원 |
| 레몬 또는 라임 주스 1/2컵 | 450원 |

### 부재료

파인애플 통조림 국물 1컵, 설탕 6큰술, 얼음 적당량

둘이서 맛있게 5900원

① 파인애플과 샐러리 이파리는 절구에 넣고 으깨어 피처통에 담는다.
② 1에 파인애플 통조림 국물과 라임 주스, 설탕을 넣고 골고루 섞는다.
　 서로 간이 배이고 재료의 맛이 어우러지도록 30분 정도 냉장고에서 숙성시킨다.
③ 숙성한 음료를 컵에 담고, 얼음과 탄산수를 넣어 완성한다.

> **Tip**
> 샐러리 잎 대신, 민트 같은 허브류를 사용해도 좋아요.

# Part **4**

# 마트 가면 꼭 있는
# 평범한 재료로 만드는 요리

# 감자 팬피자

평소 저와 동서는 친자매나 다름없이 지내요. 허물없이 지내며 서로의 집에도 자주 놀러가곤 해요. 어느 날 점심 무렵, 동서가 지나는 길에 잠시 들르겠다고 했어요. 티타임을 즐기던 저는 전화를 끊자마자 곧바로 점심 메뉴를 구상했어요. 집에 있는 재료로 맛있게 대접할 수 있는 음식이 무엇이 있을까 고민하다가 동서가 평소 좋아하던 감자가 떠올랐어요. 마침 새로 장을 봐 온 햇감자가 있었죠.

추운 겨울날 그냥 통으로 삶아서 같이 나눠 먹은 적도 있는데, 저는 소금, 동서는 설탕을 놓고 찍어 먹었어요. 이렇듯 우리는 조미료 하나라도 분명한 취향을 가지고 있어요. 하지만 이 감자 팬피자는 호불호 없이 맛있게 즐길 수 있지요.

도우가 없어도 되니 여유롭게 준비했지요, 마침 요리가 완성된 순간, 띵동! 현관벨이 울렸어요. 오늘 점심도 아주 즐거운 식사를 할 수 있을 것 같은 예감이 드네요.

**감자 팬피자**
총 5,010원

감자는 채소 중에서도 보관이 수월한 편이기 때문에 계절 상관없이 마트에서 흔히 볼 수 있는 채소예요. 감자를 듬뿍 먹고 싶을 때, 감자 팬 피자를 만들어 보세요. 채칼필러로 손쉽게 채 썬 후, 몇 가지 채소와 치즈를 넣고 버무려서 부치면 멋진 팬피자가 완성됩니다. 식사 혹은 파티 푸드로도 손색이 없어요.

### 주재료

| | |
|---|---|
| 감자 2개 | 1400원 |
| 양파 1/2개 | 200원 |
| 슬라이스 햄 6장 | 800원 |
| 슈레드 체다 치즈 믹스 1봉(70g) | 1860원 |
| 계란 1개 | 200원 |

### 부재료

식용유 약간

 양념
파마산 치즈 가루 2큰술, 설탕 2큰술,
꽃소금 1/2작은술, 파슬리 가루 1/2큰술

① 양파, 슬라이스 햄은 채를 썰고, 감자는 채칼 필러로 깎아 넣어 섞는다.

② 1에 파슬리 가루, 슈레드 체다 치즈 믹스와 분량의 양념을 넣어 골고루 섞는다.

③ 식용유를 두른, 팬에 2의 반죽을 동그랗게 펴 넣고 앞뒤로 노릇하게 굽는다.
반숙한 계란 프라이를 얹어 완성한다.

★ 사이드 디쉬 : 간단 오이 무 피클

| 오이 1/2개 | 400원 |
| 무 3cm 한토막 | 150원 |

절임용 꽃소금 1작은술

피클 주스 : 레몬 식초 4큰술, 설탕 4큰술, 물 2큰술, 꽃소금 1작은술, 후춧가루 약간

오이와 무는 절임용 소금에 버무려 10분간 절인 후 물기는 따라 버리고, 위 분량의 피클 주스 재료를 넣고 섞은 뒤, 30분만 숙성시켜 먹는다.

감자 팬피자

1,470원 × 2인분 = 2,940원
당근 주연의 블록버스터 레시피,
당근 크림치즈 샐러드!

# 당근 크림치즈 샐러드

하루는 친구가 제게 물었어요. 아이에게 당근을 먹일 수 있는 방법이 없겠냐고요. 당근이 몸에 좋아 먹이고 싶은 엄마 마음과 다르게 아이는 편식이 심하다고 하더라구요. 당근뿐만 아니라 피망, 브로콜리 등 채소들을 잘 안 먹는다고 했어요. 그래서 친구와 저는 일명 야채 먹이기 프로젝트를 하기로 했어요. 그 첫 번째는 당근이었죠.

재료를 아무리 작게 잘라도 아이들은 쏙쏙 잘 찾아내죠. 그럴 때는 야채를 갈아 즙을 내 부침개 반죽에 넣는 방법이 있어요. 떡갈비에 잘게 다진 당근을 넣는 방법도 좋아요. 치즈를 곁들여도 좋죠. 이런저런 레시피를 알려 주고 친구의 답변을 기다렸어요. 저녁에 '밥 한 공기 다 먹었다!!!!!'라는 친구의 문자가 왔어요. 느낌표의 개수를 보니 아이 당근 먹이기는 아주 성공적인 것 같네요.

건강에 좋은 채소 당근은 사실, 주연보다는 조연의 역할을 하는 경우가 많아요. 서운한 당근을 위해 당근이 주인공인 요리를 하나 소개해드릴게요.
채칼로 곱게 채 썬 당근을 전자레인지에서 부드럽게 익혀 먹는 샐러드예요. 부드럽게 익은 당근에 적당히 간을 해서 절인 후, 동물성 단백질인 치즈와 계란에 버무려 맛있게 즐겨보세요.

### 주재료

| | |
|---|---|
| 당근 1개 | 500원 |
| 마스카포네 치즈 5큰술 | 1450원 |
| 파슬리 2송이 | 240원 |
| 계란 2개 | 400원 |
| 식빵 2장 | 350원 |

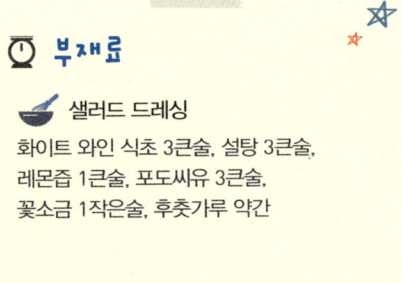

### 부재료

샐러드 드레싱

화이트 와인 식초 3큰술, 설탕 3큰술, 레몬즙 1큰술, 포도씨유 3큰술, 꽃소금 1작은술, 후춧가루 약간

둘이서 맛있게 5900원

> **Tip**
> 마스카포네 치즈 대신에 크림치즈로 대신해도 좋아요.
> 또한, 계란 프라이 대신에 참치 통조림을 이용한 사이드 메뉴를 곁들여도 좋아요.

① 당근은 채를 썰어 전자레인지 용기에 담아 랩을 씌운 후, 포크로 구멍을 2~3군데 내어 준다.
  전자레인지에서 3분 정도 돌려 부드럽게 익혀 준다.
② 부드럽게 익은 당근채에 분량의 샐러드 드레싱에 버무려 냉장고에서 20분간 숙성시킨다.
③ 숙성시킨 당근채는 채반에 걸러 국물을 제거한 후, 다진 파슬리와 마스카포네 치즈를 넣고 젓가락을 이용해 살살 버무린다.
  당근 크림치즈 샐러드와 반숙 계란 프라이, 토스트를 완성 접시에 예쁘게 담아 함께 상에 낸다.

✓ 2,850 × 2인분 = 5,700원

재료가 조금 없으면 어때요?
둘이라서 더 맛있는, 당면소시지찌개!

# 당면소시지찌개

저녁 메뉴를 상의하기 위해 신랑에게 연락을 했어요. "오늘 뭐 먹고 싶어?" 그랬더니 신랑은 '부대찌개'를 먹고 싶다고 했죠. 집에 있는 재료를 보니 햄만 있고, 찌개에 넣을 채소와 두부가 없었어요. 이걸 어쩌나 싶었죠. 남편이 도착하기까지 시간이 얼마 남지 않았거든요. 고민 끝에 요리를 시작했지요.

 퇴근한 남편이 밝은 표정으로 들어왔어요. 후다닥 씻고 나온 남편이 먼저 수저를 들었지요. 저는 이 순간이 가장 설레요. 이윽고 남편이 맛있다고 고개를 끄덕이며 말했죠. 남편의 말에 기분이 좋아진 저도 식사를 시작해요. 남편이 식사를 하면서 자연스럽게 재료와 조리법을 물어봐요. 그렇게 저와 남편은 평소처럼 수다스럽고 행복한 식사시간을 즐기죠.

**당면소시지찌개**
**총 5,700원**

소시지는 단맛을 많이 가지고 있는 식재료예요. 국물 요리에 넣어주면 단맛을 더욱 끌어 낼 수 있어요. 별다른 육수재료가 없을 때, 소시지가 있다면 좋은 국물 요리를 즐길 수 있어요. 달콤한 고추장 국물이 일품인 떡볶이와 비슷한 맛을 내지만, 떡볶이보다 훨씬 풍성한 맛을 내요. 맛있게 끓인 찌개를 갓 지은 밥과 함께 즐겨보세요.

## 주재료

| | |
|---|---:|
| 당면 반 줌 | 300원 |
| 프랑크 소시지 4개 | 1000원 |
| 스팸 작은 캔(200g)1개 | 3680원 |
| 양파 1/4개 | 100원 |
| 애호박 5cm 한 토막 | 370원 |
| 대파 10cm 한 토막 | 150원 |
| 청양고추 1개 | 100원 |

## 부재료

물 3컵
까나리 액젓 1큰술, 고추장 3큰술, 찹쌀가루 2큰술

① 밑국물을 따로 내지 않고 찬물에 고추장과 까나리 액젓, 찹쌀가루를 풀어 준다.
고추장 찌개에 찹쌀가루를 약간 풀어 주면 걸쭉한 농도의 국물 맛을 즐길 수 있다.
② 국물이 끓어오르면, 어슷 썬 프랑크 소시지와 네모모양으로 썬 스팸을 넣어 국물 맛이 우러나게 충분히 끓여 준다.
③ 소시지 맛이 국물에 우러나면 깍둑 썬 양파와 애호박, 물에 불린 당면을 넣어 끓여 준다. 불에서 내리기 직전에 송송 썬 대파, 청양고추를 뿌려 완성한다.

**Tip**
육수를 별도로 내지 않고도 까나리 액젓을 약간 사용하면 해물 육수맛을 낼 수 있어요.

# 마파두부밥

기다림은 갈망을 극대화하며 '기다려서라도 먹겠다', '기다려서라도 사겠다'는 집념이 일상에 활력을 주기도 한다는 말을 지인에게서 들었어요. 우리사이에서 일명 맛집 투어 가이드로 불리는 친구가 한 이야기예요. 강동구에 살고 있는 그 친구는 서울 동쪽 지역의 맛집은 거의 모두 가 봤다는 자부심을 가지고 있었어요.

최근 실내 클라이밍 운동을 시작해 동호회 사람들을 따라 강서 지역에 종종 간다고 했죠. 그러면서 자신만의 맛집 지도를 넓히고 있다며 생기 넘치는 얼굴로 이야기를 해요. 최근에는 목동에서 마파두부밥 맛집을 찾았다며 소개해주었어요. 저는 친구의 맛집 지도가 넓어지는 것을 환영하는 입장이에요. 직접 가 본 식당만 추천한다는 친구의 고집은 밉지않고 믿음직스럽게 느껴져요.

### 마파두부밥
### 총 5,300원

두부는 일 년 사시사철 항상 구할 수 있는 재료이지요. 콩 속에 들어있는 단백질을 추출하여 무기염류로 응고시킨 식품인 두부는 부드러운 식감과 고소한 맛으로 사랑받는 식재료에요.
두부 한 모로 둘이서 넉넉히 즐길 수 있는 메뉴로 마파두부밥을 추천드려요. 레시피에 사용된 두반장 대신 굴 소스와 고추장 등으로 양념을 대신해도 좋아요.

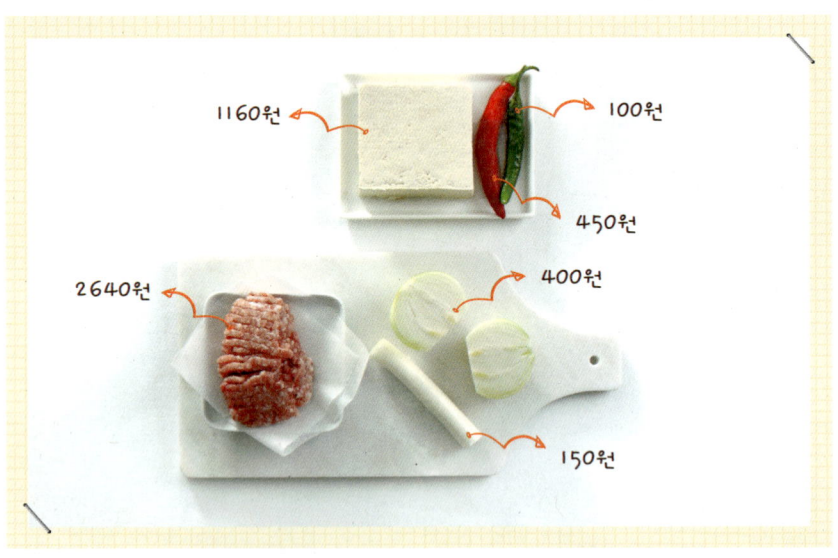

## 주재료

| 두부 손바닥 크기 1모 | 1160원 |
| 돼지고기 다짐육 200g | 2640원 |
| 양파 1개 | 400원 |
| 대파 10cm 한 토막 | 150원 |
| 청양고추 1개 | 100원 |
| 홍고추 1개 | 450원 |

## 부재료

고추기름 3큰술

**양념**
두반장 3큰술, 진간장 1큰술, 설탕 1큰술, 청주 2큰술, 고추기름 3큰술, 다진 마늘 1큰술, 다진 생강 1작은술, 참기름 1큰술, 후춧가루 약간

두부 절임용 꽃소금 약간

**물 녹말**
물 1과 1/2컵, 감자 전분 2큰술

둘이서 맛있게 5900원

① 깍둑 썬 두부에 소금을 살짝 뿌려 표면이 단단해지면, 끓는 물에 데친다.
② 열이 오른 약불의 팬에 고추기름을 두른 뒤, 다진 양파, 다진 대파, 다진 마늘, 다진 생강을 볶다가 돼지고기 다짐육과 청주 2큰술을 넣고 볶는다.
③ 볶은 돼지고기에 송송 썬 청양고추, 홍고추와 두반장, 진간장, 설탕 등 분량의 양념을 추가로 넣고 볶다가, 중불에서 물녹말을 넣어 끓인다.
④ 마지막으로 데친 두부를 넣고 살살 섞은 후, 참기름과 후춧가루를 뿌려 완성한다.

**Tip**
두반장 대신 매운맛 굴 소스에 고춧가루, 고추장을 약간 섞어 사용해도 좋아요.

★ 사이드 디시 : 계란국

계란 2개　　　　　**400원**

물 3컵, 국간장 2큰술, 청주 1큰술, 다진 마늘 1작은술, 후춧가루 약간

1 계란에 청주를 섞어서 잘 풀어 놓는다.
2 물을 넣은 냄비가 끓어오르면 1의 계란을 붓고 국간장, 다진 마늘, 후춧가루로 간을 맞춰 완성한다.

마파두부밥

2,485원 × 2인분 = 4,970원

달큰한 무와 매콤한 고추가 만나 밥도둑이 되었어요.
밥 한 공기는 거뜬한, 무 꽈리고추 조림!

# 무 꽈리고추 조림

소풍날에 대한 좋은 기억이 하나 있어요. 엄마와 함께 온 친구들과 달리, 저와 제 여동생은 한복을 단아하게 차려입으신 외할머니의 손을 잡고 소풍에 갔어요. 외할머니를 무척 좋아하던 저였기에 방실방실 웃음이 끊이질 않았어요.

점심시간에 자리를 잡고 앉아 김밥을 먹는데, 소나기가 쏟아졌어요. 빗줄기가 굵어서 나무 아래에 있어도 피할 수 없었죠. 그때 할머니께서 한복 치마 자락 겉면을 벗어서 좌르르 펼친 후 두 손녀를 치마 품 안으로 들이셨어요. 할머니의 치마폭 아래는 안전하고 포근한 새 둥지 같았어요. 비 냄새, 바닥에서 올라오는 흙 냄새 그리고 할머니의 좋은 향기를 맡으며 우리 자매는 편안히 김밥을 먹을 수 있었어요.

할머니의 내리사랑을 느낄 수 있었던 그날은 제 마음속 깊은 곳에 간직되어 아직도 따뜻한 온기를 머금고 있답니다.

무 꽈리고추 조림
총 4,970원

달큰한 무 조림은 누구에게나 인기 있는 반찬이에요. 여기에 팬에 구워 낸 대파와 꽈리고추를 더하면 더 먹음직스러워지고 맛도 업그레이드 돼요. 맛있게 삶은 계란 반숙과 튀겨 낸 멸치를 곁들여 보세요. 밥도둑이 따로 없답니다.

## 주재료

| 무 10cm 한 토막 | 420원 |
| 꽈리고추 12개 | 700원 |
| 돼지고기 안심 150g | 3680원 |
| 계란 2개 | 400원 |
| 대파 한 대 | 1000원 |
| 잔 멸치 2큰술 | 400원 |

## 부재료

식용유 약간

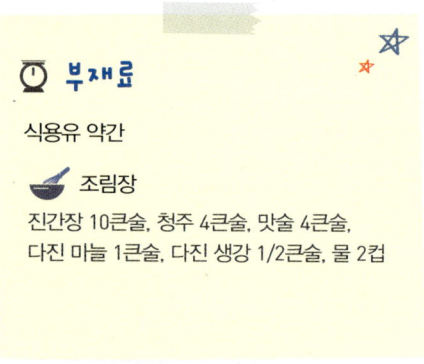

조림장

진간장 10큰술, 청주 4큰술, 맛술 4큰술,
다진 마늘 1큰술, 다진 생강 1/2큰술, 물 2컵

둘이서 맛있게 5900원

> **Tip**
> 꽈리고추에 포크로 2~3번 정도 구멍을 내어 주면 간이 잘 배어요.

1. 냄비에 크게 썬 무와 안심살을 넣고 분량의 조림장을 넣어 한소끔 끓인 후, 불을 줄이고 뚜껑을 덮어 무가 무르도록 조려 준다.
2. 식용유를 두르고 열이 오르면, 센 불의 팬에 길게 썬 대파와 꽈리고추를 노릇하게 굽는다. 대파와 꽈리고추는 처음부터 무와 함께 조리면 쓴맛이 나지만, 이렇게 팬에 구워 주면 고소한 맛이 살아나고 풍미와 식감도 더 좋아진다. 계란은 삶아 반으로 잘라 준다.
3. 무와 고기가 익으면 구운 꽈리고추, 대파를 넣어 섞는다. 완성 접시에 무조림과 삶은 계란을 담고 볶은 잔멸치를 얹어 완성한다.

# 배추채 전골

저는 방학 중에서도 오직 여름 방학날만 손꼽아 기다렸어요. 여름방학에는 할머니댁으로의 여행을 갈 수가 있었기 때문이죠. 소소하고 정겨웠던 그 일상들이 냄새와 맛과 소리로 모두 머리가 아닌 마음 깊숙한 곳에 쿡 하고 박혀있어요. 아마도 할머니의 넘치는 사랑이 그 시간과 장소 곳곳에 묻어 있어서 더 오래오래 간직할 수 있는 거겠지요.

이렇게 음식 관련된 일을 하며 할머니의 어린 시절 그 맛이 궁금해 아흔이 넘은 할머니께 아직도 전화해 칭얼거리게 됩니다. "할머니~ 할머니가 해 주던 그 음식 말이야~"하고 물어보면 할머니는 배추국이며, 칼국수며, 추억을 버무려 레시피를 알려 주세요. 그러면 저는 할머니의 이야기 보따리에 지나왔던 그날들의 맛과 추억을 다시금 곱씹으며 행복해지곤 한답니다.

**배추채 전골**
총 **3,800원**

좋은 국물 맛을 내는데 배추만한 재료가 또 있을까요? 배추를 채 썰어 넣으면, 더 빠르게 국물의 감칠맛을 뽑아 낼 수 있어요. 배추의 식감 또한 보다 부드러워져요. 가능하다면 테이블 위에 가스버너와 냄비를 올려놓고 천천히 끓이며 드셔보세요. 국물에 물만두 몇 개를 풍덩풍덩 집어 넣어가며 먹으면 유쾌한 식사가 될 거에요.

## 주재료

| | |
|---|---:|
| 알배기 배춧잎 4장 | 330원 |
| 표고버섯 2개 | 500원 |
| 양파 1/4개 | 100원 |
| 청양고추 1개 | 100원 |
| 홍고추 1개 | 450원 |
| 대파 10cm 한 토막 | 150원 |
| 냉동 물만두 8알 | 1200원 |
| 해물 육수 팩 1개 | 700원 |

### 부재료
물 3컵, 혼쯔유 또는 국간장 3큰술,
다진 마늘 1큰술

### 폰즈 소스
진간장 2큰술, 식초 2큰술,
설탕 2작은술, 물 2큰술, 레몬즙 약간

둘이서 맛있게 5900원

① 물에 해물 육수 팩을 넣어 5분 정도 끓여 밑국물을 낸다.
② 밑국물이 우러나면 채 썬 양파, 표고버섯, 배춧잎을 넣어 끓인다.
③ 채소에서 단맛이 우러나면 물만두를 넣어 끓인 후, 다진 마늘, 어슷 썬 청양고추, 홍고추, 대파를 넣고 국간장으로 간을 맞춘다. 폰즈 소스와 함께 상에 낸다.

> **Tip**
> 배추를 채를 썰어 전골을 끓이면 배추의 단맛이 빨리 우러나요. 또한, 혼쯔유나 참치 액젓으로 간을 맞추면 감칠맛이 좋아져요.

 **사이드 디쉬 : 고추 된장 무침**

오이 맛 고추 2개　　　　270원

🥣 된장소스

된장 1큰술, 올리고당 2작은술, 다진 마늘 1작은술, 깨소금 1작은술, 참기름 2작은술, 물 1큰술, 고춧가루 약간

굵게 슬라이스한 고추에 위 분량의 양념장을 넣어 골고루 버무려 완성한다.

1,885원 × 2인분 = 3,770원
둘이서 맛있게 즐기는 어묵 밀푀유나베!

## 어묵 밀푀유나베

비 오는 날엔 창밖을 바라보는 즐거움이 생겨요. 가끔 의자에 앉아서 유리창 표면을 따라 흐르는 빗물을 구경해요. 바깥 풍경도 평소와는 전혀 다르죠. 빗물로 흠뻑 젖은 나무와 건물들을 가만히 보면, 아마도 낯선 곳인듯 아주 생경한 느낌이 들 거예요. 상상력이 풍부하다면, 흐린 날씨로 유명한 런던의 거리라고 생각해 볼 수도 있을 거예요.

도저히 그런 생각이 들지 않는다구요? 그렇다면 종목을 변경해볼까요? 비오는 날 먹으면 좋을 국물 요리를 떠올려봐요. 저라면 나베를 떠올릴 거예요. 둥근냄비에 빼곡히 들어있는 배루와 어묵, 깻잎, 버섯들. 그리고 김이 모락모락 피어나는 깔끔한 해물육수까지 떠올리니 저도 모르게 입맛을 다시게 되네요.

**어묵 밀푀유나베**
총 **3,770원**

재료가 겹겹이 모여 예쁜 색과 모양을 내는 밀푀유나베! 비싼 소고기 대신 저렴한 어묵으로 대체해보세요. 어묵과 배추는 궁합이 좋기로 유명하지요. 맛 좋은 국물에 모양까지 예쁘니 보는 즐거움도 클 것 같네요. 냄비에 차곡차곡 채워 넣고 보글보글 끓여 드시면 아주 맛있는 한 끼 식사하실 수 있을 거예요.

### 주재료

| | |
|---|---|
| 어묵 손바닥 크기 7장 | 1350원 |
| 알배기 배춧잎 7장 | 500원 |
| 깻잎 - 14장 | 700원 |
| 만가닥 버섯 반 줌 | 370원 |
| 대파 10cm 한 토막 | 150원 |
| 해물 육수 팩 1개 | 700원 |

### 부재료

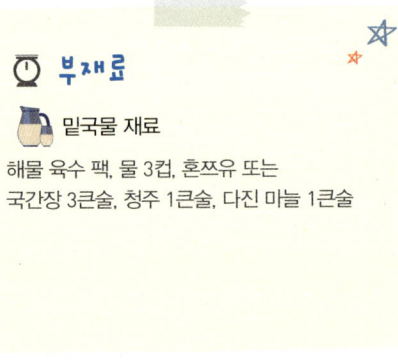

**밑국물 재료**

해물 육수 팩, 물 3컵, 혼쯔유 또는
국간장 3큰술, 청주 1큰술, 다진 마늘 1큰술

둘이서 맛있게 5900원

> **Tip**
> 혼쯔유나 참치액젓으로 간을 맞추면 감칠맛이 좋아져요.

① 배춧잎 위에 어묵, 깻잎 2장을 올린다. 이 과정을 3번 반복하여 3세트를 만든다.
② 1을 3등분하여 사진과 같이 냄비에 가장자리부터 켜켜이 둘러가면 쌓아 주고, 가운데에는 만가닥 버섯을 넣어 준다.
③ 분량의 밑국물 재료를 한 차례 끓여서, 냄비에 부어 끓여 가며 먹는다.

어묵 밀푀유나베

Part 5

# 발랄한 충전 에너지,
# 채소 요리

1,795원 × 2인분 = 3,590원

비법 튀김옷을 입은 가지의 무한변신,
굴 소스 가지튀김!

# 굴 소스 가지튀김

햇볕 좋은 날, 발길 닿는 대로 걷다가 서점에 들어갔어요. 천천히 서점을 둘러보다가 신간 코너에서 호텔식 정통 중국 요리를 소개하는 책을 집어 들었지요.

중국 요리 하면 보통 배달 음식인 자장면, 짬뽕을 떠올리게 돼요. 하지만 집밥을 좋아하는 분이라면 어쩌면 굴 소스나 두반장 같은 소스가 떠오를 수도 있어요. 특히 굴 소스는 친숙한 소스일 거예요.

굴 소스와 만났을 때 더 맛있어지는 재료로 가지를 꼽을 수 있지요. 가지 튀김 하니까 십 년 전 볼이 빨갛던 룸메이트가 생각이 나요. 익은 채소의 흐물흐물한 식감을 무척 싫어하는 친구였는데, 가지를 튀겨서 볶아 주면 참 잘 먹었더랬어요. 밥 한 그릇을 뚝딱하고 활짝 웃는 얼굴을 보면서 저도 빙그레 따라 웃었지요.

총 3,590원

건강에도 좋고 저렴하기까지 한 가지는 기름진 요리와 참 잘 어울려요. 가지를 바삭하게 튀겨 감칠나게 매콤한 소스에 버무려 밥과 함께 곁들이니 밥 한 그릇 뚝딱입니다. 가지를 고소하고 풍성하게 즐기고 싶다면 가지튀김으로 즐겨 보세요.

### 주재료

| | |
|---|---|
| 가지 2개 | 1200원 |
| 돼지고기 다짐육 100g | 1320원 |
| 양파 1/2개 | 200원 |
| 대파 1/2대 | 300원 |
| 부추 5대 | 70원 |

### 부재료

🍚 밥

🥣 튀김옷
튀김 가루 1컵, 소주 1컵

🥣 양념장
매운맛 굴 소스 4큰술, 진간장 4큰술,
설탕 4큰술, 청주 4큰술, 다진 생강 1작은술,
베트남 건홍고추 5개, 물 4큰술

둘이서 맛있게 5900원

> **Tip**
> 오징어나 생선 튀김을 할 때에도 물 대신 소주로 튀김옷을 만들어 주면 바삭함은 물론이고, 비린내도 제거할 수 있어 좋아요.

★ **사이드 디쉬 : 꼬들 단무지무침**

꼬들 단무지 50g     **500원**

다진 파 1작은술, 깨소금 1/2작은술, 고춧가루와 참기름 약간씩

꼬들 단무지에 위 분량의 재료를 넣어 조물조물 무쳐 준다.

① 못난이 썰기 한 가지는 분량의 튀김옷 재료에 입혀 준다.
   이때, 소주를 부어 젓가락으로 날가루가 보이지 않을 정도로만 저어 준다.

② 160도의 식용유에 튀김옷을 입힌 가지를 튀겨 낸다.
   튀기는 중간중간 젓가락으로 튀김을 툭툭 쳐 저어 주면 가지의 수분이 식용유 밖으로 빠져나와 바삭한 튀김이 된다.

③ 식용유를 두른, 열이 오른 약불의 팬에 채 썬 양파, 대파를 넣어 볶다가, 다진 돼지고기를 넣어 볶는다. 돼지고기가 익으면 분량의 양념장을 부어 한소끔 끓여 완성한다.

굴 소스 가지튀김

✓ 1,705×2인분=3,410원

시원하고 상큼하게 즐기는 냉채소 잡채,
탱글탱글한 면발이 끝내줘요!

# 냉채소 잡채

부뚜막을 아시나요? 어릴 때는 가정마다 가마솥이 걸린 아궁이와 부뚜막이 있었어요. 저는 아직도 가끔 외할머니께서 만든 맛난 음식이 올려져 있는 부뚜막을 떠올리곤 합니다.

손님이 오면 잡채를 꼭 만드셨는데, 호돌호돌하고 윤기 좔좔 흐르는 당면에 같은 굵기로 곱게 채 썬 색색의 채소들이 서로 어우러지면 어찌나 보기 좋던지. 늘 커다란 함지박에 넘치도록 담아 상보로 덮어 두곤 하셨어요. 그래서 저는 잔칫날, 외할머니의 부뚜막에 붙어 있곤 했지요. 손님 오시기 전에 잡채 한 젓가락을 맛보겠다고 말이에요.

잡채를 보면 자연스럽게 외할머니를 떠올리곤 합니다. 단아하게 한복을 차려입으시고 상 위에 넉넉히 잡채를 담아 주시던 할머니가 그립네요.

**냉채소 잡채**
총 3,410원

따뜻한 잡채도 좋지만 일일이 재료를 따로 볶아야 하는 번거로움이 있지요. 냉잡채는 당면을 차갑게 즐겨 탱글탱글한 식감이 일품이고, 함께 곁들인 생채소의 상큼한 맛 또한 좋아요. 노릇하게 구워 낸 주먹밥과 함께 든든하게 즐겨 보세요.

### 주재료

| | |
|---|---|
| 당면 한 줌( 140g ) | 850원 |
| 사과 1/2개 | 370원 |
| 오이 1/2개 | 400원 |
| 당근 5cm 한토막 | 250원 |
| 숙주 1/2봉지 | 740원 |
| 유부 4장 | 800원 |

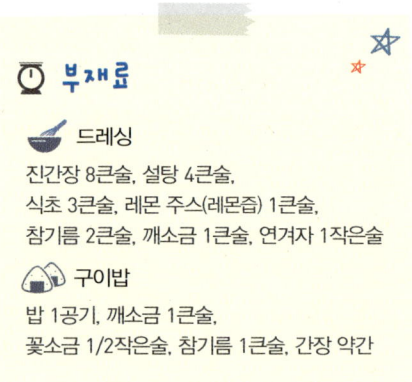

### 부재료

**드레싱**
진간장 8큰술, 설탕 4큰술,
식초 3큰술, 레몬 주스(레몬즙) 1큰술,
참기름 2큰술, 깨소금 1큰술, 연겨자 1작은술

**구이밥**
밥 1공기, 깨소금 1큰술,
꽃소금 1/2작은술, 참기름 1큰술, 간장 약간

둘이서 맛있게 5900원

① 당근, 사과, 오이, 끓는 물에 살짝 데친 유부는 곱게 채를 썰고, 숙주는 끓는 물에 삶아 준비한다.
그리고, 분량의 드레싱 재료를 볼에 한데 넣어 골고루 섞는다.

② 삶은 당면은 찬물에 헹궈 물기를 제거한 후, 1의 드레싱을 부어 골고루 섞고 준비한 채소와 함께 그릇에 담는다.

★ 사이드 디쉬 : 구이밥

따뜻한 밥에 소금, 참기름, 깨소금을 넣어 삼각 주먹밥을 만든 후, 식용유를 두른, 팬에 진간장을 발라 가며 구워 준다.

**Tip**
냉잡채이기 때문에 삶은 당면을 찬물에 헹구지만, 일반 잡채를 할 때에는 고구마 전분이 씻겨 나가기 때문에 찬물에 헹구지 않아요.

냉채소 잡채

1,925원 × 2인분 = 3850원

쫄깃하고 아삭한 식감이 일품인, 모둠버섯 생채소면

# 모둠버섯 생채소면

공기 좋고, 물 맑은 곳에 사는 지인의 집에 놀러간 적이 있었어요. 도시를 탈출해 전원생활을 하게 된 지인이 집들이에 초대를 해주었지요. 한가롭고 여유로울 것 같았지만, 이야기를 듣다 보니 도시만큼이나 바쁘고 할 일이 많은 산촌 생활이었어요.

거실에서 대화를 나누다가 부엌에 갔더니 건강 밥상이 차려져 있었어요. 그 중에서도 버섯전골이 아주 맛있었죠. 맛의 비결은 바로 자연산의 신선한 식재료였어요. 새벽에 일어나 부지런히 산에 오르면 다양한 식재료를 구할 수 있다고 말하는 지인의 얼굴엔 뿌듯함이 어려있었어요.

식사 후, 지인은 자신이 키우는 표고버섯을 보여주겠다며 저희를 이끌었어요. 표고버섯은 활엽수에 종균을 넣어 키우는데 보통 참나무를 사용한다고 해요. 요리를 하며 다양한 버섯을 다루어 봤지만 실제 표고목을 보니 신선했어요. 나무에 옹기종기 붙어있는 버섯들이 얼마나 귀엽고 사랑스럽던지!

모둠버섯 생채소면
총 **3,850원**

감칠맛 나는 음식 중 골뱅이 소면이 으뜸일까요? 대답은 이 요리를 먹어보고 해도 늦지 않아요. 버섯생채와 함께 비벼먹는 소면 요리 소개해드려요. 버섯의 쫄깃한 식감이 골뱅이 생각 안 나게 해줄 거예요. 맥주 한 잔 곁들이고 싶은 저녁! 매콤한 양념에 버무린 생채소면과 함께 하세요.

350원, 400원, 720원, 280원, 400원, 800원, 500원

### 주재료

| | |
|---|---|
| 소면 160g (100원짜리 동전 크기 2줌) | **400원** |
| 새송이 버섯 2개 | **720원** |
| 불린 목이버섯 1컵 | **350원** |
| 오이 1개 | **800원** |
| 적양파 큰 사이즈 1/4개 | **500원** |
| 부추 20대 | **280원** |
| 계란 2개 | **400원** |

### 부재료

**양념장**

고추장 4큰술, 고춧가루 2큰술, 진간장 2큰술, 설탕 4큰술, 식초 4큰술, 다진 마늘 1큰술, 물엿 2큰술, 깨소금 1큰술, 참기름 2큰술

둘이서 맛있게 5900원

① 불린 목이버섯과 4cm 길이로 납작하게 썬 새송이 버섯은 끓는 물에 살짝 데친다.
② 부추는 4cm 길이로 썰고, 오이는 어슷 썰고, 적양파는 슬라이스한다.
분량의 재료로 넣고 만든 양념장 20분간 숙성시킨다.
③ 준비한 채소에 양념장을 넣어 버무린 후, 삶은 소면과 함께 상에 낸다.

**★ 사이드 디쉬 : 계란국**

계란 2개          **400원**

물 2컵, 국간장 2큰술, 청주 1큰술, 다진 마늘 1작은술, 후춧가루 약간

1. 계란에 청주를 섞어서 잘 풀어 놓는다.
2. 물을 넣은 냄비가 끓어오르면 1의 계란을 붓고 국간장, 다진 마늘, 후춧가루로 간을 맞추고 완성한다.

**Tip**
적양파 대신 양파를 사용해도 좋고, 부추 대신 실파로 대체해도 좋아요.

모둠버섯 생채소면

2,620원×2인분=5,240원

✓ 부드럽게 잘 익은 아보카도와
잘 구운 채소의 환상적인 콜라보,
아보카도 간장비빔밥!

# 아보카도 간장비빔밥

아침에 거울을 봤는데 볼 한가운데 작은 뾰루지가 솟아 있었어요. 연말의 잦은 술자리 때문이었지요. 일단 그냥 두기로 했어요. 최대 한 신경 쓰지 않고 하루를 보냈는데 다음 날 보니 더 커져 있었어요. 상처가 남을 것이 걱정돼 병원에 다녀오니, 토요일 오전 시간이 순식간에 지나 버렸지요.

버스를 타고 돌아가는 길에 시장을 지나쳤어요. 집 냉장고에서 잠자고 있는 아보카도가 생각났기 때문이에요. 무심코 열어 본 밥솥에 밥도 많이 있었구요.

그래서 정한 메뉴는 아보카도 간장비빔밥이에요. 밥과 아보카도가 있다면 언제나 만들어 먹을 수 있어요. 브런치 메뉴로도 딱이죠. 자 이제, 아보카도는 피부에 양보하세요.

**아보카도 간장비빔밥**
총 5,240원

숲속의 버터라 불리는 아보카도는 상큼하게 기름진 맛이 참 고소해서 좋아요. 부드럽게 잘 익은 아보카도를 밥에 비벼 먹으면 맛있는데 여기에 고소한 맛을 더하는 구운 채소를 함께 곁들이면 건강한 한 끼가 되어 줍니다.

260원
100원
600원
3300원
600원
380원

### 주재료

| | |
|---|---|
| 완숙 아보카도 1개 | 3300원 |
| 가지 1개 | 600원 |
| 애호박 1/2개 | 600원 |
| 새송이 버섯 1개 | 380원 |
| 날치알 2큰술 | 260원 |

### 부재료

🍚 밥 2공기, 청주 2큰술

🥣 비빔 소스
진간장 6큰술, 맛술 6큰술, 설탕 3큰술, 물 4큰술, 전분가루 2작은술

둘이서 맛있게 5900원

> **Tip**
> 아보카도는 구우면 아보카도 특유의 향이 사라지고, 고구마맛 같은 맛이 나기 때문에 반드시 완숙된 것을 생으로 사용하세요. 채소는 식용유를 두르지 않은 마른 팬에서 센 불로 구워 주어야 수분이 배어 나오지 않아요.

> ★ 사이드 디쉬 : 양상추 샐러드
>
> 양상추 잎 1장　　　　　　**100원**
> 마요네즈 약간
>
> 채 썬 양상추에 마요네즈를 얹어 낸다.

① 가지, 호박, 새송이 버섯은 반으로 잘라 0.5cm 두께로 어슷 썬다.
　아보카도는 반으로 칼집 주어 비틀어 쪼갠 후, 씨앗을 칼로 내리쳐 고정한 후, 칼을 돌려서 빼낸다. 그러면 씨의 껍질까지 깨끗하게 빠진다.
　씨를 뺀 아보카도를 위의 채소와 같은 두께로 썬다.
② 열이 오른, 센 불의 마른 팬에 1의 가지, 호박, 버섯을 앞뒤로 노릇하게 굽는다.
③ 완성 접시에 밥을 담을 담고, 준비한 재료를 얹은 후, 한소끔 끓인 분량의 비빔 소스를 부어 완성한다.

아보카도 간장비빔밥

✓ 2,935×2인분=5,870원

아보카도와 토마토의 화려한 색감,
고소함과 상큼함의 맛의 케미!
아보카도 토마토리조또!

# 아보카도 토마토리조또

갑자기 의욕이 샘솟는 날이 있어요. 평소라면 만원 지하철에 퇴근길만으로도 녹초가 되어 터덜터덜 현관을 들어왔을 텐데, 어쩐지 근처 마트에서 장도 보고 싶고, 맛있는 음식을 해먹고 싶은 날.

전 입에 달기만 한 아이스크림 대신 신선한 토마토와 아보카도를 사요. 꼭 필요한 장보기를 마치면 뿌듯한 마음으로 집으로 올 수 있어요.

흐르는 물에 재료를 씻으면서 점심시간에 본 모바일 기사가 떠올랐지요. 아보카도는 고단백의 종합 비타민과 같다는 내용이었어요. '종합 비타민'이라는 단어를 떠올리니 주말 저녁에 있었던 일이 생각났어요. 선물받은 영양제를 먹으려고 보니 유통기한이 지났지 뭐예요. 속상했어요. 음식으로 더 잘 챙겨야겠다는 생각이 들었어요.

면과 밥이 싫을 때, 건강하고 부드러운 한 끼를 원한다면 아보카도와 토마토로 맛을 낸 리조또가 답이랍니다.

쌀알로 만드는 어려운 리조또는 잊어도 좋아요. 찬밥으로 만드는 리조또는 만드는 시간도 짧고 장시간 불 앞에 있어야 하는 번거로움도 줄일 수 있어요. 부드럽게 익혀 낸 밥에 상큼한 맛 더해 줄 토마토와 잘 익은 아보카도를 곁들이면 프레쉬한 리조또를 즐길 수 있답니다.

### 주재료

| | |
|---|---:|
| 아보카도 1개 | 3300원 |
| 토마토 1개 | 670원 |
| 베이컨 5줄 | 1700원 |
| 양파 1/2개 | 200원 |

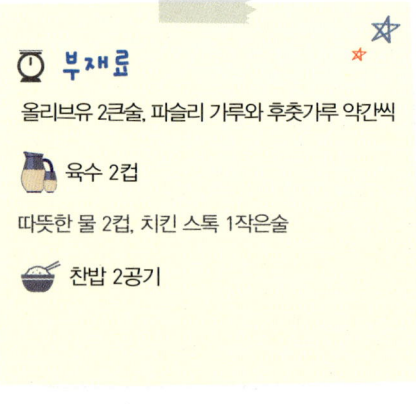

### 부재료

올리브유 2큰술, 파슬리 가루와 후춧가루 약간씩

육수 2컵

따뜻한 물 2컵, 치킨 스톡 1작은술

찬밥 2공기

> **Tip**
> 모자라는 간은 기호에 따라 소금으로 맞추어 주세요.

1. 다진 양파와 굵게 썬 베이컨을 식용유를 두른, 열이 오른 팬에서 볶다가 육수를 넣어 끓인다.
2. 육수가 끓여지면서 재료의 맛이 우러나면, 중불에서 찬밥을 넣어 볶는다.
3. 밥알이 익고, 육수가 졸아들면, 깍둑 썬 아보카도, 토마토를 넣어 살짝 볶아 완성한다.

# 토마토 베이크드샐러드

늦은 오후 친구가 운영하는 식당에 찾아갔어요. 매장 안에 들어서자마자 특유의 독특한 인테리어가 눈에 들어왔지요. 높은 천장을 기준으로 양옆의 벽면에 각종 냄비와 프라이팬 같은 주방 기구들이 가득 걸려 있었어요. 식당 안쪽에서 친구가 웃으며 다가왔지요. 벽에 대해 물어보니 주방 전문 매장을 운영하는 남편에게 협찬을 받았다고 말했어요. 요리 도구들이 가득 들어차 있으니 마법 공간에 온 것처럼 눈을 뗄 수 없었어요. 테이블에 앉아 맛있는 음식을 먹는 와중에도 눈이 갔어요.

친구는 그런 내 모습이 재미있는지 웃음을 터트렸지요. 한참을 그러다 무심코 입에 넣은 상큼한 토마토 샐러드에 정신이 번쩍 들었어요. 새콤달콤한 소스가 인상적이었거든요. 멋진 공간에서 좋은 사람과 맛있는 음식을 먹으니 부러울 것 없는 하루라는 생각이 드네요!

토마토는 생으로 먹는 것보다 익혀 먹을 때, 몸에 좋은 성분을 더욱 많이 섭취할 수 있어요. 토마토는 한 번 구워 내면 부드러운 맛이 배가 되고 소스가 부드럽게 흡착이 잘되어 풍미를 높여 줘요. 또한 새콤달콤한 소스에 푹 적셔 빵에 얹어 즐기면 기분 좋은 한 끼가 되어 준답니다.

### 주재료

| | |
|---|---|
| 토마토 2개 | 1350원 |
| 샤브용 소고기 150g | 2300원 |
| 양상추 1/3통 | 350원 |
| 적양파 1/2개 | 500원 |
| 모닝 빵 4개 | 1400원 |

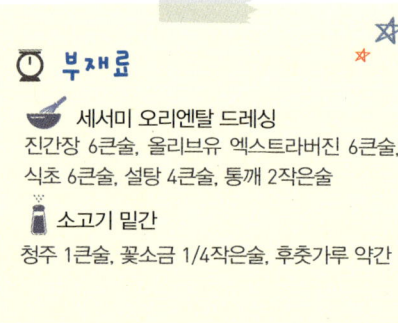

**부재료**

- 세서미 오리엔탈 드레싱
  진간장 6큰술, 올리브유 엑스트라버진 6큰술, 식초 6큰술, 설탕 4큰술, 통깨 2작은술
- 소고기 밑간
  청주 1큰술, 꽃소금 1/4작은술, 후춧가루 약간

1. 적양파는 곱게 채 썰어 찬물에 잠시 담가 매운기를 제거하고, 양상추도 곱게 채 썰어 얼음물에 담가 싱싱하게 해 준 다음, 물기를 제거한다. 토마토는 1cm 두께로 썰어 준다. 소고기는 분량의 밑간에 10분간 재웠다가 볶아 준다.
2. 식용유를 약간 두른, 센 불의 팬에 토마토를 살짝 구워 준다.
3. 분량의 오리엔탈 드레싱 재료를 골고루 섞어 한쪽에 준비해 둔다. 완성 접시에 구운 토마토, 양상추, 볶은 소고기, 적양파순으로 올려 담고 드레싱을 자작하게 뿌려 완성한다. 완성된 샐러드는 모닝 빵과 곁들여 드세요.

> **Tip**
> 토마토의 항암 성분인 리코펜은 열을 가했을 때 증가하기 때문에 익혀 먹는 것이 몸에 더 좋다. 또한 구운 토마토의 부드러운 식감이 베이크드 샐러드와 잘 어울린다.

# 페이크 누들 파스타

가끔은 삶에 여유를 가지고 나 자신을 돌아 보는 시간이 필요하죠. 그럴 때면 저는, 넓고 푸른 초원이나 조용한 숲속 오솔길에 홀로 서 있는 제 모습을 상상해봐요. 바람과 풀향기, 새소리가 차례로 떠오르고, 상상 속에서도 저는 혼자가 아님을 느끼죠.

그 다음엔 조금 황당하게 들릴 지 모르지만, 지구별에서의 제 삶을 곰곰히 생각해봐요. 저는 요리를 사랑하게 되었고, 남편이라는 평생 짝꿍을 만났어요. 두 가지 모두 제게 큰 선물이죠. 특히 남편과 함께 살아가는 삶은 신기하고 고마워요. 만약 전생과 환생이 실제 존재한다면, 남편은 전생에서도 만났던 것처럼 잘 맞고 좋은 사람이라 환생을 해도 다시 만나고 픈 짝이예요.

서로 다른 두 사람이 한 공간 안에서 현재와 미래를 공유하며, 함께 먹고 산다는 것 그 자체만으로도 제게는 큰 기쁨이에요.

페이크누들을 아시나요?
채소로 만든 면이지만, 말 그대로 일반 면과 똑같이 보이는 신기한 식재료예요. 요즘 같은 탄수화물 포화 시대에는 페이크누들을 활용한 건강한 면 요리가 제격이죠. 오늘은 세 가지 채소와 페이크 면, 그리고 크림소스를 함께 곁들일 수 있는 파스타를 소개해드려요. 먹는 즐거움과 건강, 두 마리 토끼를 한 번에 잡으세요.

### 주재료

| | |
|---|---|
| 당근 1개 | 500원 |
| 우엉 1대 | 1740원 |
| 애호박 1개 | 1100원 |
| 식빵 2쪽 | 400원 |

### ★ 사이드 디시 : 크림소스

| | |
|---|---|
| 양파 1/2개 | 200원 |
| 표고버섯 1개 | 250원 |
| 우유 2컵 | 750원 |
| 무염 버터 4큰술 | 500원 |

밀가루 중력분 4큰술, 베트남 건홍고추 3개, 치킨 스톡 1작은술, 꽃소금 1작은술

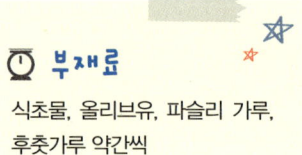

### 부재료
식초물, 올리브유, 파슬리 가루, 후춧가루 약간씩

> **Tip**
> 크림소스에 치킨 스톡이 없을 경우 소금으로만
> 간을 맞추어도 좋아요.

① 우엉은 필러로 길게 깎아 식초물에 담가 떫은 맛을 제거한 후, 끓는 물에 삶아 낸다.
애호박과, 당근도 필러로 길게 깎아 준비한다.

② 식용유를 두른, 센 불의 팬에 빨리 익는 애호박은 짧게 볶아 내고, 당근과 삶은 우엉은
식감이 부드러워질 때까지 충분히 볶아 애호박과 함께 섞어 놓는다.

③ 버터를 녹인 팬에 다진 양파, 다진 표고버섯을 볶다가 불을 줄인 상태에서 밀가루를
넣어 날가루가 보이지 않을 정도로 섞는다. 여기에 우유를 넣고 밑이 눌어붙지 않도록
저어가며 끓여, 크림소스를 만든다.
완성 접시에 볶은 채소를 담고 크림소스를 부어 토스트와 함께 상에 낸다.

Part **6**

## 슈퍼 식빵으로 만드는
## 호텔 느낌 빵 요리

✓ 2,920원×2인분=5,840원

토핑을 듬뿍 올려 예쁘게 든든하게 먹어요,
그릴비프 오픈샌드위치

# 그릴비프 오픈샌드위치

길을 걷다 보면 일부러 찾지 않아도 눈에 띄는 풍경들이 몇 가지 있어요. 회색의 건물들, 무채색의 차량들, 잎이 하나도 남지 않은 가로수들 그리고 바쁘게 걷는 사람들. 출퇴근 시간에 보면, 사람들이 한데 뭉쳐 지하철 역사 안으로 빨려 들어가는 모습을 볼 수 있어요.

저도 종종 만원 지하철을 타게 되는 날이 있어요. 이리저리 휩쓸리며 걷다가 어느 곳에서 발걸음을 멈춰섰어요. 추운 날 하얀 김으로 유혹하는 어묵집 앞이었어요. 사람들이 많더군요. 따뜻한 국물 한 모금이 출퇴근의 피로를 잠시나마 덜어주는구나 싶었어요. 내가 꼭 필요한 그 순간에 내 발걸음을 잡는 소박하지만 값진 음식들. 저는 그런 음식들이 참 좋아요.

오픈 토스트는 속의 내용물을 모두 보여줄 수 있어서 화려한 플레이팅이 가능해요. 구운 빵을 먹기 좋게 잘라 접시에 모아 담고, 그 위에 토핑을 듬뿍 올리면 보기도 좋고 먹기도 편해요. 빵이나 과일, 고기 요리 등 어디에나 사용해도 좋은 발사믹크림으로 맛을 돋우면 참 멋진 오픈 토스트가 된답니다.

### 주재료

| | |
|---|---|
| 소고기 불고기감 또는 샤브용 80g | 2000원 |
| 식빵 4장 | 800원 |
| 토마토 1개 | 680원 |
| 루꼴라 한 줌 | 1500원 |
| 맛타리 버섯 또는 만가닥 버섯 한 줌 | 300원 |
| 슬라이스 체다 또는 고다 치즈 2장 | 560원 |

### 부재료

**스프레드 드레싱**
마요네즈 6큰술, 홀그레인 머스터드 또는 디종 머스터드 2작은술, 꿀 2큰술, 레몬즙 약간

**소고기 밑간**
발사믹 크림 1큰술, 양조간장 1큰술, 설탕 1과 1/2큰술, 레드 와인 1큰술, 후춧가루 약간

① 식빵은 토스트하여 어슷하게 반으로 잘라 준다.
토마토는 못난이 썰기를 하고 루꼴라는 한입 크기로 찢어 준비한다.

② 소고기에 분량의 밑간 양념을 넣어 소고기가 익으면 버섯을 넣어 섞듯이
살짝만 볶는다.

③ 완성 접시에 어슷 썬 토스트를 담고 분량의 스프레드 드레싱을 발라 준다.
그 위로 볶은 소고기, 토마토, 루꼴라, 한입 크기로 썬 체다 치즈를 얹는다.
마지막으로 발사믹 크림을 토핑하여 완성한다.

> **Tip**
> 소고기 대신 저렴한 돼지고기 불고기감을, 루꼴라 대신
> 양상추나 쌈용 채소를 활용해도 좋아요.

✓ 2,450원 × 2인분 = 4,900원

피자보다 더 맛있는 마르게리따 토스트!

# 마르게리따 토스트

살면서 겪는 많은 일 중, 첫경험만큼이나 수줍고 조심스러운 순간이 있을까요?

'처음'이란 시간을 밟아 가며 만드는 무수한 인생의 시간들 중에서 단연 잊지 못할 추억이 되기도 하고, 삶의 가치관 형성에 영향을 주곤 합니다. 그래서 더 귀중하지요. 어떤 첫 순간은 아름답고 따뜻하기도 하고, 또 어떤 처음은 뇌를 꺼내 깨끗이 씻어 버리고 싶을 정도로 아프기도 합니다. 그리고 매 순간 누구와 함께였는가 역시 중요하겠지요.

저는 할머니와 함께 나눈 음식들이 저의 가장 행복한 처음들입니다. 아름다운 인생은 고난 혹은 행복의 첫 순간에, 스스로 어떻게 받아들이냐에 따라 결정되는 것 같습니다. 오늘, 행복한 처음을 떠올리며 맛있는 식사 한 끼 어떠세요? 위로, 혹은 추억을 되새기는 그런 한 끼도 내 사람을 채우는 순간일 겁니다.

3가지 색으로 만드는 마르게리따 피자를 식빵으로 귀엽게 만들어 보세요. 피자 도우만 없을 뿐이지 마르게리따 피자의 맛을 그대로 토스트에 옮겨 담았어요. 쭉쭉 늘어나는 피자치즈의 맛을 즐기기에도 좋고 토마토와 바질의 상큼함도 참 좋은 토스트입니다.

### 주재료

| 식빵 2장 | 400원 |
| 시판 토마토소스 1컵 | 1800원 |
| 방울토마토 6개 | 350원 |
| 슈레드 피자 치즈 1컵 | 1500원 |
| 바질 잎 6장 | 850원 |

### 부재료

설탕과 파마산 치즈가루 약간

> **Tip**
> 시판 토마토소스가 없을 경우 토마토 케첩에 설탕을 약간 섞어 대신해도 좋고, 미니 토스터기나 오븐이 없는 경우는 약불의 팬에서 뚜껑을 덮어 치즈를 녹여도 좋아요.

1. 식빵 위에 토마토소스를 바르고, 그 위에 피자 치즈를 뿌려 준다.
2. 이등분한 방울토마토를 얹은 후 설탕을 약간 뿌려 토마토의 신맛을 중화시킨다.
3. 바질 잎을 올리고 미니 토스트기에서 치즈가 녹도록 구운 다음, 파마산 치즈가루를 뿌려 완성한다.

✓ 2,805 × 2인분 = 5,610원

식빵으로 두툼하게, 감칠맛나는 속 재료로
더 풍성하게 즐기는 스페니쉬 식빵피자!

# 스페니쉬 식빵피자

가끔 이웃과 나누고, 베푸는 것이 예전보다 못하구나, 라는 생각을 할 때가 있어요. 경제적으로나 사회적으로나 보다 성장했는데도 말이죠.

음식도 그래요. 김장철이면 품앗이로 서로 빠짐없이 도와주었고, 음식을 하면 조금이라도 서로 나누어 먹는 것이 일상이던 시절이 있었어요. 하지만 지금은 이런 모습을 찾기 어렵죠. 그래서 함께 밥을 먹는 시간이 더욱 소중해졌음을 느껴요.

그런 점에서 저는 피자를 참 좋아해요. 피자는 왠지 여럿이 있을 때 시키게 되고, 더 맛있고 그렇잖아요? 동그란 피자 한 판을 한 조각씩 사이좋게 나누는 그 시간이 참 좋아요. 뭐니 뭐니 해도 좋은 사람들과 맛있는 음식을 나누며 추억을 공유하는 일이 세상 가장 멋진 일인 것 같아요.

**스페니쉬 식빵피자**
총 5,610원

스페니쉬 피자는 두꺼운 도우가 특징이죠. 통 식빵으로 맛있게 재현할 수 있어요. 가운데를 깊게 파내어 그릇처럼 만들고 감칠맛 가득한 소를 가득 채워 보세요. 치즈만 살짝 녹도록 구워 낸 후 생채소를 곁들여 먹으면 둘이서 맛있게 즐길 수 있는 식빵피자가 완성돼요. 둘이서 맛있게 즐겨 보세요.

300원
100원
3300원
980원
370원
560원

## 주재료

| 통 식빵 1개 | 3300원 |
| 돼지고기 다짐육 100g | 980원 |
| 만가닥 버섯 반 줌 | 370원 |
| 양파 1/4개 | 100원 |
| 슬라이스 체다 또는 고다 치즈 2장 | 560원 |
| 어린잎 채소 또는 와일드 루꼴라 반 줌 | 300원 |

## 부재료

식용유와 소금 약간씩

**토마토소스**
토마토 케첩 3큰술, 우스터소스 1큰술, 설탕 1큰술, 후춧가루 약간

둘이서 맛있게 5900원

1. 통 식빵의 가장자리 1cm 정도 테두리를 남긴 채 깊게 칼집을 내어 네모 모양으로 잘라 밀어낸다. 잘라 낸 식빵은 3등분하고, 그중에 하나로 통 식빵의 밑동을 채워 그릇을 만든다. 나머지 빵은 적당히 잘라 토스트한다.

2. 식용유를 두른, 열이 오른 팬에 채 썬 양파와 만가닥 버섯을 넣어 살짝 볶다가 돼지고기 다짐육을 넣고, 분량의 토마토소스 재료를 넣어 볶는다.
   마지막에 체다 치즈를 찢어 넣고 함께 섞는다.

3. 통 식빵 안에 2의 볶은 재료를 넣어 미니 토스트기나 오븐에서 치즈가 녹을 정도로 구워 완성한다. 그 위에 어린잎 채소나 와일드 루꼴라를 토핑하여 상에 낸다.

> **Tip**
> 버터나 올리브 오일을 통 식빵 가장자리에 발라서 오븐에서 구워 주면 더욱 고소한 빵 맛을 즐길 수 있어요.

# 시금치베이컨롤 그라탕

시금치는 예상외의 단맛을 품고 있는 건강한 식재료예요. 초록빛의 아름다운 자태를 뽐내는 시금치는 이미 슈퍼 푸드로 자리매김한지 오래지요. 특히 겨울 시금치는 강인한 생명력과 단단한 육질에 단맛이 올라서 요리하기 좋아요.

혹시 시금치와 빵의 만남을 상상해 보신 적 있으신가요? 시금치와 빵의 만남을 주선하는 친구는 바로 크림치즈예요. 시금치를 나물로만 드셔 보신 분은 조금 걱정하실 수도 있을 거예요. 하지만 시금치는 양식에서도 샐러드나 볶음, 파이 등 다양한 요리에 사용하고 있으니 걱정하지 마세요.

실제로 저희 엄마는 평소에 밀가루를 잘 드시지 않는데, 시금치가 들어간 이 요리는 아주 잘 드시죠. 그리고 엄마와 제가 부엌에서 이 요리를 만들고 있으면, 어느새 인기척이 느껴져요. 뒤를 돌아보면 조카들이 식탁에 자리잡고 앉아 있는 귀여운 모습을 볼 수 있죠. 어떠세요? 오늘 시금치를 온 가족이 좋아하는 으뜸 채소로 만들어 보세요.

시금치나물도 맛있지만 시금치를 크림치즈에 버무리면 고소한 맛이 일품이에요. 고소한 시금치를 짭쪼름한 베이컨에 돌돌 감싸 프렌치토스트 스타일의 빵에 올려 오븐에 살짝 구워 내면 멋스러운 그라탕이 완성된답니다. 토스트 가능한 미니 오븐에 치즈가 녹도록 구워 내면 되죠. 특별한 빵 요리가 필요한 날 도전해 보세요.

## 주재료

| 베이컨 6장 | 2040원 |
| 시금치 1/3단 | 800원 |
| 식빵 2장 | 400원 |
| 크림치즈 6큰술 | 800원 |
| 시판 토마토소스 1/2컵 | 900원 |
| 우유 1/2컵 | 190원 |
| 계란 1개 | 200원 |
| 체다 치즈 2장 | 560원 |

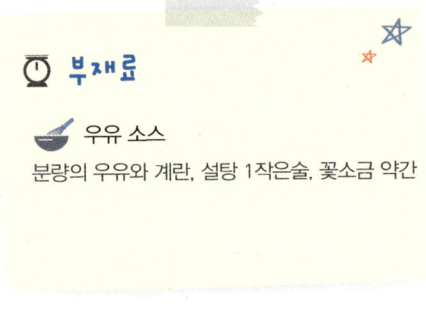

### 부재료

우유 소스
분량의 우유와 계란, 설탕 1작은술, 꽃소금 약간

둘이서 맛있게 5900원

> **Tip**
> 크림치즈 대신 마스카포네 치즈나
> 리코타 치즈로 대신해도 좋은데,
> 이때, 약간의 소금 간을 해 주세요.

1. 데친 시금치와 크림치즈를 함께 버무린다.
2. 베이컨에 1의 시금치를 넣어 돌돌 말아 준다.
3. 오븐용 용기에 4등분한 식빵을 깔고 분량의 우유 소스를 부어 준다.
4. 식빵 위에 베이컨롤을 올리고 토마토소스를 뿌린 후, 체다 치즈를 올려 예열된 180도 오븐에서 치즈가 녹을 정도로 구워 완성한다.

시금치베이컨롤 그라탕

485 × 2인분 = 970원
단 몇 분만 더 투자하면 만날 수 있는,
멋진 에그마요 토스트!

# 에그마요 토스트

반짝이는 유리병에 담긴 하얀 소스. 이름도 처음 들어 보는 마요네즈라는 블링블링하던 라벨. 뚜껑을 열 때 나는 "뽁"하는 소리도 사랑스러웠어요. 병 안에 담긴 뽀얀 소스를 손가락에 덜어 입안으로 넣으면, 혀 끝에서 사르르 녹아 버리는 그 맛이 뇌리에 콕 박혀 버리고 말았지요. 난생 처음 맛보는 이색적인 새콤한 맛이 매혹적이었어요.

마요네즈와의 첫 만남은 이렇듯 아름다운 추억으로 남아 있어요. 새로운 소스 하나하나에 마음 설레는 요즘이지만, 마요네즈의 첫 인상을 뛰어넘은 소스는 아직 나타나지 않았네요.

바쁜 아침에 복잡한 요리를 할 수는 없어요. 평범한 토스트도 좋지만, 조금 더 고급스러운 맛에 도전해 보시는 건 어떠세요? 마요네즈로 테두리를 두른 빵에 계란을 하나 깨 넣고 살짝 익히면 고급 카페 브런치 부럽지 않은 맛을 느낄 수 있답니다. 수란처럼 따뜻하게 익은 반숙 계란이 빵을 촉촉하게 적셔 주니 밥이 잘 넘어가지 않는 아침에도 부드럽고 든든하게, 간편하고 멋지게, 식사할 수 있어요.

### 주재료

| | |
|---|---:|
| 식빵 2장 | 350원 |
| 계란 2개 | 400원 |
| 베이컨 1/2장 | 170원 |
| 파슬리 약간 | 50원 |

### 부재료

설탕 약간

둘이서 맛있게 5900원

> **Tip**
> 보통 짭쪼름한 맛을 베이컨으로 맞추는데 베이컨이 없을 때에는 파마산 치즈 가루 또는 꽃소금을 약간 뿌려 간을 맞추어 주세요. 생파슬리 대신 건파슬리로 대신 해도 좋아요.

① 식빵 가장자리에 마요네즈를 둘러 짜 준다.
② 마요네즈 안쪽에 계란을 깨넣는다.
③ 계란 위에 다진 베이컨과 파슬리를 얹고 설탕을 살짝 뿌린다.
④ 미니 토스터기에 넣어 계란 윗면이 반숙이 되도록 구워 준다. 또는, 뚜껑을 덮은 팬에서 구워 준다.

에그마요 토스트

✓ 1,880원×2인분=3,760원

귀여운 메추리알이 쏙쏙 박혀있는, 에그볼 샌드위치!

# 에그볼 샌드위치

흐린 날이 계속될 거라는 일기예보에도 불구하고 햇볕이 좋은 날이 있어요. 이런 변덕이 심한 가을 날씨를 즐기는 방법이 한 가지 있는데요. 바로 식탁이 아닌 곳에서 밥을 먹는 거예요. 저는 평소에도 가끔 집 앞 공원의 벤치에 앉아 차를 마시곤 해요. 작은 텀블러에 따뜻한 음료를 담아 가지고 나오면, 여유롭고 멋진 순간을 즐길 수가 있어요.

이때, 함께하면 좋을 음식이 무엇이 있을까요? 누가 뭐라고 해도 간편한 샌드위치가 딱이지요. 한 손에 샌드위치를 들고, 자유로운 다른 한 손은 흥겨운 콧노래에 맞춰 까딱까딱 움직이면 이 순간을 즐기는 데 더할 나위 없네요.

계란이 속 재료로 쏙 들어간 샌드위치는 항상 인기 있는 메뉴이지요. 계란을 삶아서 다지는 번거로움 없이 깐 메추리알을 통째로 소스에 버무려 속 재료로 풍성하게 채워주면 잘린 단면도 귀엽고 한입에 들어오는 노른자와 흰자의 비율도 참 좋아요. 감자가 들어간 달콤한 소스까지 꽉꽉 채워 든든한 샌드위치 만들어보세요.

## 주재료

| 깐 메추리알 20개 | 2000원 |
| 식빵 4장 | 800원 |
| 감자 1/2개 | 350원 |
| 슬라이스 체다 치즈 2장 | 560원 |
| 파슬리 1송이 | 50원 |

## 부재료

마요네즈 드레싱

마요네즈 5큰술, 홀그레인 머스터드 2작은술, 설탕 2큰술, 꽃소금 2/3작은술, 후춧가루 약간

1. 찐 감자는 뜨거울 때 으깨고, 그 위에 체다 치즈를 찢어 넣어 녹인다.
   다진 파슬리와 분량의 마요네즈 드레싱 재료를 넣어 골고루 섞는다.
   으깬 감자를 드레싱에 약간 넣어 농도를 되직하게 해 주는 것이 포인트다.
2. 삶은 메추리알에 1의 드레싱을 넣어 골고루 섞는다. 식빵은 젖은 면보에 감싸 촉촉하게 해 준다.
3. 식빵 위에 2의 재료를 얹고 빵을 덮어 준다.
4. 속 재료가 빵과 잘 뭉칠 수 있도록 랩이나 유산지로 감싸고, 반으로 잘라 완성한다.

> **Tip**
> 씨 겨자라 불리우는 홀그레인 머스터드 대신 디종 머스터드나 옐로우 머스터드로 대신해도 좋아요.
> 또한, 물을 약간 넣은 그릇에 감자를 담고 랩을 씌워 포크로 구멍을 약간 내 준 다음 전자레인지에 돌려 주면 빨리 익어요.

✓ 1,500원 × 2인분 = 3,000원

노오란 행복이 사이사이 가득 차 있는 오믈렛 샌드위치!

# 오믈렛 샌드위치

어느 토요일 오후, 쉴 틈 없이 바쁘게 일하다가 집에 들어온 날이었어요. 조용해야 할 집 안에 달그락거리는 소리가 나는거예요. 부엌을 보니 남편이 앞치마를 매고 서 있었어요. 미처 내가 온 줄도 모르는 것 같았어요. 살금살금 다가가 뭘 하나 봤죠. 깜짝 놀란 남편은 곧 배시시 웃었어요. 팬 위에서 지글지글 익고 있는 음식은 바로 오믈렛이었어요.

옷을 갈아입고 나오니 식탁에 수저와 젓가락이 예쁘게 세팅되어 있네요. 정말 재미있었던 건 제가 쓴 요리책이 부엌 한쪽에 펼쳐져 있었던 것이었어요. 기쁜 마음으로 오믈렛을 한 입 먹었어요. 조금 탄 맛이 났지만 무척 맛있었어요. 고단한 하루 끝에 남편의 정성을 한 입, 두 입 입으로 집어넣다 보니 노오란 행복이 차오르네요.

총 3,000원

스크램블 에그를 마구마구 높게 쌓아서 두툼하게 부쳐 낸 오믈렛으로만 속을 가득 채운 샌드위치입니다. 부드러운 오믈렛의 식감이 폭신한 식빵과 어우러져 입안에서 살살 녹네요. 별다른 재료 없어도 동동거리지 마세요. 냉장고에 계란과 식빵 밖에 없는 날 이 레시피를 꼭 활용해 보세요.

### 주재료

| | |
|---|---:|
| 식빵 4장 | 800원 |
| 계란 5개 | 1000원 |
| 생크림 ( 또는 우유 ) 1/2 | 1200원 |

### ⏰ 부재료

설탕 1큰술, 꽃소금 약간,
마요네즈와 식용유 적당량

① 깨뜨린 계란의 알끈을 제거한 후, 볼에 담아 우유, 설탕, 소금을 넣고 골고루 섞어 준다.
② 식용유를 두른, 약한 불의 팬에 계란물을 붓고 넓게 펼친다.
약불에서 젓가락으로 휘저어 가며 스크램블하듯 익혀 준다. 그래야 부드러운 식감을 낼 수 있다. 80% 정도 익혀지면 뒤집개로 팬 한쪽 면으로 몰아 크기는 식빵만 하게, 두께는 4cm 정도로 만들어 익힌 후 뒤집어 불에서 내린다.
③ 식빵 두 개 모두 안쪽에 마요네즈를 바른 후, 오믈렛을 얹고 그 위에 나머지 식빵을 얹는다. 식빵 가장자리를 깔끔하게 자른 후, 2등분하여 완성한다.

> **Tip**
> 진하고 고소한 풍미의 생크림도 좋지만 우유로 대신해도 좋아요. 부드럽게 두툼한 오믈렛이 포인트이기 때문에 반드시 약불에서 인내심을 갖고 조리하세요. 센 불로 조리하면 쉽게 타버릴 수 있어요.

Part **7**

# 씨푸드가 별거냐, 해산물 요리

✓ 2,875원 × 2인분 = 5,750원
생선 못 먹는 사람 입맛에도 딱 맞는,
삼치 테리야키 라이스!

RICE

# 삼치 데리야키 라이스

어떤 연고지가 있는 것도 아닌데, 여수를 무척 사랑하는 친구가 있었어요. 친구 말에 따르면 여수는 풍광, 음식, 사람이라는 삼박자를 두루 갖춘 국내 최고의 여행지였죠. 그러던 어느 날, 친구는 저와 제 친구에게 여수로 여행을 가자고 했어요. 여행 가이드를 자처한 친구는, 넘치는 의욕만큼 다양한 곳으로 안내했죠.

저는 돌산 앞바다를 내려다보며 차를 마실 수 있는 바람의 언덕 위 카페가 가장 기억에 남아요. 음식 또한 상상 이상이었죠. 여수 친구의 집에서 먹은 갈치조림과 낙지도 맛있었지만, 마지막날에 갔던 식당의 삼치구이와 삼치 선어회는 잊을 수 없는 맛이예요.

무엇보다 가장 좋은 건 세 친구가 영원히 공유할 수 있는 추억이 생겼다는 것이었어요. 더욱 풍성해질 앞으로의 이야기가 기대가 되네요.

삼치데리야끼 라이스
총 5,750원

생선과 데리야키 소스는 항상 궁합이 좋습니다. 감칠맛 나는 데리야키 소스 발라 가며 구운 생선을 토마토와 버섯, 양파 등의 볶은 채소를 섞은 따뜻한 밥 위에 올려 한 그릇 요리로 만들어 보세요. 생선의 비린맛을 찾아 볼 수 없는 상큼하고 감칠맛 나는 밥을 즐길 수 있어요.

570원
3980원
700원
200원
300원

### 주재료

| 삼치 2토막 | 3980원 |
| 방울토마토 10개 | 570원 |
| 이탈리안 파슬리 반 줌 | 700원 |
| 양파 또는 적양파 1/2개 | 200원 |
| 맛타리 버섯 한 줌 | 300원 |

### 부재료

식용유와 꽃소금 약간씩

🍚 밥 2공기

🥣 데리야키 소스

진간장 2큰술, 청주 2큰술, 맛술 2큰술, 설탕 1큰술, 다진 생강 1큰술

둘이서 맛있게 5900원

① 채 썬 적양파와 찢은 맛타리 버섯을 식용유를 두른, 열이 오른 팬에서 소금을 살짝 뿌려 볶다가 반으로 자른 방울토마토를 넣고 센 불에서 재빨리 볶는다.
② 따뜻한 밥 위에 볶은 **1**의 재료와 이탈리안 파슬리의 이파리를 찢어 넣고 한데 섞는다.
③ 식용유를 두른, 열이 오른 팬에 소금으로 살짝 밑간한 삼치를 앞뒤로 굽다가 분량의 데리야키 소스를 발라 가며 마저 굽는다.
완성 접시에 **2**의 밥과 구운 삼치를 얹고, 남은 데리야키 소스를 밥에 뿌려 상에 낸다.

**Tip**
이탈리안 파슬리 대신 일반 파슬리를 사용해도 좋아요.

✓ 2,930원 × 2인분 = 5,860원

오징어와 바지락을 넣으니
감칠맛이 폭발해요, 씨푸드 토마토밥!

# 씨푸드 토마토밥

친근한 토마토, 알고 보면 슈퍼 푸드로 명성이 자자한 세계적인 친구예요. 토마토 요리의 종류는 셀 수 없이 많고, 요리를 넘어 축제를 벌이는 곳도 있어요. 스페인 발렌시아 부근 부뇰에서 열리는 라 토마티나가 그 축제예요.

뉴스를 통해 축제 현장의 모습이 짧지만 꽤 생생히 전달되었어요. 사람들이 무언가에 홀린 듯 토마토를 던져 마을을 빨갛게 물들이는 모습은 정말이지 생경해요. 이 축제 기간에 무려 100톤이 넘는 토마토가 사용된다니 그 규모를 상상할 수 있지요. 저라면 토마토가 아까워서 던지지 못할 것 같아요.

이렇게 종종 화면을 통해 세계의 음식 문화를 접하면 기분이 업되곤 해요. 세계 각지의 사람들이 다양한 방식으로 음식을 즐기는 모습을 보면 공감되고, 행복이 전염이 되어 그런가 봐요.

토마토는 생으로 드시기보다는 굽거나 끓이는 등 익힐수록 몸에 좋은 성분을 많이 섭취할 수 어요. 토마토를 넣어 밥을 지어 보세요. 영양가도 높고, 맛도 좋아서 입이 호강하는 밥을 만들 수 있어요. 여기에 해산물을 함께 넣어 밥을 지었더니 감칠맛이 더 살아나요.

990원
3700원
150원
1020원

### 주재료

오징어 1마리     3700원
바지락 8개     990원
토마토 1과 1/2개     1020원
대파 10cm 한 토막     150원

###  부재료

불린 쌀 2컵, 베트남 건홍고추 3개,
물 1과 1/3컵, 올리브유 2큰술,
화이트 와인 2큰술, 우스터소스 2큰술,
꽃소금 1작은술

① 올리브유를 두른, 열이 오른 냄비에 다진 대파와 부순 베트남 건홍고추를 넣고 볶다가 불린 쌀을 넣어 볶는다. 이때, 불을 올려 화이트 와인을 부어 플람베*시킨다.

② 쌀이 되직하게 볶아지면 큼지막하게 썬 토마토를 넣고, 물과 우스터소스, 꽃소금을 넣어 밥을 짓는다.

③ 밥에 뜸이 들기 직전에 링으로 썬 오징어와 해감시킨 바지락을 넣은 후 익혀 완성한다.

✱ 플람베란, 알코올을 부어 재료의 잡내와 비린내를 제거하는 과정을 말합니다.

> **Tip**
> 해산물과 토마토에서 수분이 나오기 때문에 밥물의 양은 일반 밥보다 적게 넣어 주세요.
> 기호에 따라 다진 파슬리나 다진 실파를 뿌려 드세요.
> 또한, 냄비 밥을 하기 어려우신 분들은 전기밥솥을 활용하세요.

2,845×2인분=5,690원
저는 이 조합 찬성입니다!
고소하고 맛있는, 연어밥!

# 연어밥

어느 날 친구가 물었어요. 살아가면서 가장 중요한 게 뭐라고 생각하느냐라고요. 저는 잠시도 망설이지 않고 '밥'이라고 이야기할 거예요.
음식은 삶에서 즐길 수 있는 것들 중 가장 근본적인 기쁨이라고 생각해요. 외모도, 살아가는 방식도 모두 다르지만 누구나 맛있는 음식 앞에서 따뜻함을 느껴 본 적이 있을 거예요. 저는 그런 따뜻함을 소중히 여겨 내 안에 차곡차곡 쌓아 두면 행복한 삶이 될 수 있다고 생각하는 사람이지요.
왜, 광고도 있잖아요? '대충 먹으면 대충의 내가 되니까.' 저는 이 말이 참 공감이 돼요. 조금 귀찮아도 내 몸을 위해 살짝만 더 움직여 보면 어떨까요.

**연어밥**
총 5,690원

비릿한 생선을 올려 밥을 짓는 것을 상상해 보신 적 없으시다면 저희가 소개하는 방법으로 밥을 지어 보세요. 생선을 올려 밥을 지었지만, 비린내는 전혀 나지 않는 특별한 영양밥을 드실 수 있어요. 밥을 지을 때 직접 간장 양념을 해서 별도의 양념장도 필요없지요. 한 김 식어도 비린내가 나지 않아 따뜻하게 즐겨도, 식어서 주먹밥으로 만들어 도시락으로 즐겨도 좋습니다.

350원
300원
180원
4260원
600원

### 주재료

| 구이용 연어 130g 한 덩이 | 4260원 |
| 맛타리 버섯 두 줌 | 600원 |
| 불린 목이버섯 1컵 | 350원 |
| 깐 생강 한 톨 | 300원 |
| 실파 3대 | 180원 |

### 부재료

불린 쌀 2컵, 다시마 우린 물 2컵, 채 썬 김 약간

**간장 소스**
양조간장 8큰술, 청주 4큰술, 맛술 4큰술

**연어 밑간**
청주 2큰술, 소금 1작은술

둘이서 맛있게 5900원

**Tip**

연어에 뜨거운 물을 부어 채반에 걸러 주면 비린내를 제거할 수 있어요.
냄비 밥을 하기 어려우신 분들은 전기밥솥을 활용하세요.

① 연어는 분량의 밑간 양념에 20분간 재운다.
　　연어에 뜨거운 물을 부어 채반에 걸러 비린내를 제거한다.
　　건 목이버섯은 물에 불려 한입 크기로 썰고, 버섯 밑동을 제거하여 준비한다.
② 다시마 우린 물에 분량의 간장 소스를 넣고 섞어 불린 쌀에 붓는다.
③ 쌀 위에 준비한 버섯과 연어를 올리고 밥을 짓는다.
④ 밥물이 끓어 오르면 불을 줄이고, 뚜껑을 덮어 익힌다.
　　완성된 밥은 주걱으로 골고루 섞어 밥그릇에 담는다. 그 위에 생강채, 송송 썬 쪽파, 채 썬 김을 올려 상에 낸다.

✓ 2,925원×2인분=5,850원

스페인 요리 오징어 에스카베슈,
우리 입맛에도 딱이네요!

# 오징어 에스카베슈

작년 한 해 동안 전국에서 700여 개의 지역 축제가 열렸다고 해요. 축제의 이름은 대부분 지역 특산물의 이름을 따서 만들지요.

저는 울릉도 오징어 축제에 가 본 적이 있어요. 매년 여름 울릉도 저동항에서 열리는데, 마침 시간이 맞는 친구와 즉흥적으로 떠났죠. 오징어를 좋아하는 친구는 생물 오징어를 먹고 연신 감탄을 늘어놓았고, 저 역시 활기 넘치는 축제 현장에 기분이 좋았어요. 오징어 관련 체험 프로그램이나 지자체에서 음식을 나눠 주는 공간도 마련되어 있고, 아이들이 좋아할 만한 오징어 캐릭터 풍선도 있었어요.

신선한 해산물 덕분일까요, 아니면 맑고 시원한 풍경 때문일까요, 산지에 가서 먹는 음식은 맛이 훨씬 좋아요. 친구와 오징어를 배 터지게 먹고 온 그해 여름은 잊지 못할 추억으로 남아 있어요.

총 5,850원

우리나라의 겉절이나 김치처럼 스페인 사람들이 즐기는 에스카베슈는 배추나 무 대신 채 썰어 절인 채소를, 젓갈 대신 튀긴 해산물을 넣어 숙성해 먹는 요리예요. 오징어 튀김과 채소를 함께 즐기니 새콤달콤한 매력과 감칠맛까지 있어요. 완성된 에스카베슈는 구운 빵이나 따뜻한 밥과 함께 곁들여도 참 좋은 메뉴입니다.

### 주재료

| | |
|---|---|
| 오징어 1마리 | 3700원 |
| 오이 1/2개 | 400원 |
| 양파 1/2개 | 200원 |
| 샐러리 1대 | 300원 |
| 홍피망 1/2개 | 300원 |
| 노랑 파프리카 1/4개 | 500원 |
| 케이퍼 2큰술 | 450원 |

### 부재료

빵가루 1컵, 튀김용 식용유 적당량

**튀김옷**
튀김 가루 1/2컵, 물 6큰술

**마리네이드**
화이트 와인 비니거 또는 식초 6큰술,
샐러드유 6큰술, 설탕 4큰술, 소금 1작은술,
레몬즙 약간, 후춧가루 약간

① 돌려 깎기한 오이와 파프리카, 샐러리, 양파는 곱게 채를 썰어 볼에 담는다.
마리네이드에 숙성시키기 때문에 오이의 씨 있는 부분은 넣지 않는다.

② **1**에 분량의 마리네이드 재료를 찬물에 씻어 물기를 짠다. 다진 케이퍼를 섞은 소스를 부어 섞은 뒤, 반나절 이상 냉장고에서 숙성시킨다.

③ 내장과 머리를 제거한 오징어는 깨끗이 씻어 몸통은 1cm 두께의 링으로 썰고, 다리도 적당한 길이로 썰어 분량의 튀김옷에 1차로 입힌 후, 빵가루를 다시 입혀 160도 식용유에서 튀겨 낸다.

④ 냉장고에서 숙성시킨 **2**의 채소에 튀긴 오징어를 넣어 완성한다.

> **Tip**
> 바질이나 파슬리처럼 허브를 드시기 직전에 다져서 뿌려 드시면 향이 좋으며, 파프리카나 피망 대신 당근을 넣어도 좋아요.

✓ 2,375원×2인분=4,750원

시원한 홍합 국물의
매력에 풍덩 빠져보실래요?
토마토소스 홍합탕!

# 토마토소스 홍합탕

신혼 초 미국 주재원으로 파견 나간 남편을 따라 샌프란시스코에 난생처음 가게 되었어요. 태평양 연안에 자리잡은 샌프란시스코는 세계적으로 손꼽히는 항만도시라 그런지 멋졌어요.

특히 피셔맨스워프라는 해산물 시장이 인상적이었어요. 우리나라 시장과 확연히 다른 분위기에 무척 신기했죠. 형형색색의 해산물을 구경하는 재미가 쏠쏠했지요. 근처 식당에서 먹은 음식도 꿀맛이었어요. 특히, 토마토소스 씨푸드 스프가 맛있었던 걸로 기억해요.

그런데 말이죠, 몇 년 후 남편과 다시 그곳을 찾았을 때는 실망하고 말았어요. 아마도 그동안 남편과 다닌 여러 여행의 기억이 과거의 추억 위에 계속 쌓였기 때문인가 봐요. 속상했지만, 그때의 분위기와 음식의 맛, 기분은 아직도 제 안에 변치 않고 남아 있어요.

**토마토소스 홍합탕**

총 4,750원

따뜻한 국물이 필요할 때 홍합탕이 제격이에요. 소금에 대파만 송송 썰어 넣어도 좋지만 토마토소스로 탕 요리를 만들어도 참 매력있답니다. 국물 넉넉히 만들어 숏 파스타 살짝 섞어 익혀 주니 넉넉하고 따뜻한 한 끼를 즐길 수 있어요. 홍합철이라면 토마토소스 홍합탕 꼭 만들어 보세요.

700원
300원
1400원
200원
2000원
150원

### 주재료

| | |
|---|---|
| 손질 홍합 1kg | 2000원 |
| 토마토 홀 400g 한 캔 | 1400원 |
| 숏 파스타 1컵 | 700원 |
| 양파 1/2개 | 200원 |
| 샐러리 1대 | 300원 |
| 깐 마늘 5톨 | 150원 |

###  부재료

베트남 건홍고추 4개, 올리브유 2큰술, 우스터소스 4큰술, 화이트 와인 또는 청주 2큰술, 설탕 3큰술, 꽃소금 1작은술, 후춧가루 약간

 육수

따뜻한 물 2컵, 치킨 스톡 2작은술

파스타 삶을 물

꽃소금 1큰술, 올리브유 약간, 물 1.5L

둘이서 맛있게 5900원

> **Tip**
> 치킨 스톡이 집에 없다면, 그냥 물을 사용해도 괜찮아요.
> 홍합의 짠맛이 우러나는 정도에 따라 소금 간을 조절하세요.

① 다진 양파, 부순 베트남 건홍고추를 올리브유를 두른, 열이 오른 팬에서 볶다가 손질한 홍합을 넣어 센 불에서 볶는다. 이때, 화이트 와인을 부어 플람베*시켜 잡내를 제거한다.

② **1**에 육수와 굵게 썬 토마토 홀을 넣고 뚜껑을 덮어 입이 벌어질 때까지 익힌다.

③ 뚜껑을 열어 우스터소스와 설탕, 소금으로 간을 맞추고, 마지막으로 삶은 숏 파스타와 어슷 썬 샐러리를 넣어 섞듯이 볶아 후춧가루를 뿌려 완성한다.

✽ 플람베란, 알코올을 부어 재료의 잡내와 비린내를 제거하는 과정을 말합니다.

2,935×2인분=5,870원

담백한 흰 살 생선과 크림소스의 찰떡궁합, 피시필렛 그라탕!

# 피시필렛 그라탕

음식을 두 가지로 나눠 볼 수 있다고 가정해 보면 아마 이렇게 나눌 수 있지 않을까요? 먹어 본 음식과 먹어 보지 못한 음식. 그렇다면 우리는 그보다 더 의미 있는 분류를 한 번 더 해볼 수 있을 거예요. 조리 과정을 알고 있는 음식과 조리 과정을 알 수 없는 음식으로 말이죠.

우리는 이제 돈과 시간이 있다면, 어떤 나라의 음식이라도 모두 사 먹을 수 있어요. 하지만 우리에게는 음식을 직접 조리해 먹는 활동이 필요해요. 비유하자면 조리 과정을 알지 못하는 음식을 좋아한다고 하는 것은 마치 과거를 전혀 모르는 사람과 연애하는 것과 비슷할 거예요.

그 사람을 더 사랑하고 싶다면 그 사람이 지금껏 살아 온 삶이 궁금한 건 당연지사 아닐까요. 누군가를 더 알아가고 싶다면, 이 음식을 나눠 보세요. 부드럽고 고소한 그라탕요리를 추천합니다.

총 5,870원

생선살을 켜켜이 쌓아 크림소스 뿌려 즐기는 피시필렛은 부드러운 맛이 일품입니다. 뼈와 껍질을 제거한 흰 살 생선이라면 어떤 종류로 만들어도 좋아요. 생선만 준비되어 있다면 나머지 재료는 간단해요. 조리과정도 쉬우니 꼭 한번 만들어 보세요.

### 주재료

| | |
|---|---|
| 손질 가자미 살 2팩 | 4200원 |
| 양파 1/2개 | 200원 |
| 우유 2컵 | 750원 |
| 무염 버터 4큰술 | 500원 |
| 케이퍼 1큰술 | 220원 |

### 부재료

화이트 와인 또는 청주 2큰술, 디종 머스터드 1큰술, 올리브유와 파마산 치즈 약간씩

 **크림소스**
밀가루 중력분 4큰술, 따뜻한 물 1큰술, 치킨 스톡 1작은술, 꽃소금 1작은술, 후춧가루 약간

 **생선 익힐 물**
물 3컵, 월계수잎이나 허브류와 통후추 약간씩

1. 손질된 가자미 살은 소금, 후춧가루로 살짝 밑간을 한 후, 채반에 받쳐 분량의 재료를 넣고 생선 익힐 물을 살의 겉면이 살짝 익도록 부어 준다. 이렇게 하면 가자미 살도 단단해지고 비린내도 제거된다.
2. 식용유를 두른, 열이 오른 팬에 채 썬 양파를 넣어 볶다가 찬물에 헹궈 물기를 꼭 짠 후 다진 케이퍼를 넣어 살짝 볶는다.
3. 버터가 녹은 팬에 밀가루를 넣어 망울지지 않게 볶다가 우유와 따뜻한 물에 녹인 치킨 스톡을 부어 밑이 눌어붙지 않도록 저어 가며 끓인다. 마지막으로 소금으로 간을 맞추고 후춧가루를 뿌려서 크림 소스를 완성한다.
4. 오븐 용기에 크림소스를 반 정도 부은 후, 가자미를 담는다.
   그 위에 디종 머스터드 소스를 바른 후, 볶은 양파를 얹는다.
   이 과정을 한 번 더 반복한 후, 남은 크림소스를 붓고 파마산 치즈가루를 뿌려 예열된 190도 오븐에서 20분간 구워 완성한다.

> **Tip**
> 필렛은 뼈와 껍질을 발라낸 생선포를 의미하는데 가자미 대신 대구 살이나 홍메기 살, 도미 살 등 흰 살 생선으로 대체할 수 있어요.
> 생선 물에 넣는 채소는 파슬리나 로즈마리 등 집에 있는 허브류로 대신해도 좋고 양파와 대파를 넣어 우린 물을 사용해도 좋아요.
> 기호에 따라 구운 빵을 곁들여 드셔도 보세요.

# Part 8

# 착한 가격으로 부티 나게
# 즐기는 고기 요리

# 대파불고기 전골

저는 유년 시절의 주택살이에 좋은 기억이 많아요. 그래서 아파트 살 때에도 주택에서의 삶을 그리워했죠. 하지만 막상 주택으로 이사하고 보니 손이 가는 일이 한두 가지가 아니에요. 그래도 무척 신나고 재미있어요.

특히 좋은 건, 야외 테이블에서 밥을 먹는 일이예요. 햇살 좋은 날, 찌개와 반찬 몇 가지 그리고 쌈 채소를 먹으며 남편과 즐거운 한때를 보내니 삶의 만족도가 올라갔어요.

비 오는 큰 창을 바라보며 지글지글 새콤달콤 김치 부침개를 해 먹고, 바람 부는 날엔 대파불고기 전골과 막걸리를, 불현듯 생각나 구워 먹는 삼겹살까지. 저는 오래전부터 이런 삶을 꿈꿔 왔지요. 바라던 것이 이루어지고 있는 요즘입니다. 레시피를 공유하며 제 안에 충만한 행복을 여러분과 나누고 싶어요.

## 대파불고기 전골
### 총 5,850원

많은 재료가 들어있는 전골은 집에서 해먹기 어려운 음식이라고 생각하시는 분이 많으세요. 하지만 지금 소개해드리는 대파불고기 전골은 딱 3가지 주재료만 있으면 간단히 만들 수 있어요. 불고기와 대파 채, 이 둘의 조합만으로도 특별한 맛을 낼 수 있어요. 테이블 위에서 보글보글 끓여서 사이좋게 나눌 수 있는 전골요리 도전해 보세요.

1000원
3750원
700원

### 주재료

| | |
|---|---|
| 소고기 불고기감 (250g) | 3750원 |
| 대파 1대 | 1000원 |
| 해물 육수 팩 1개 | 700원 |

### 부재료

국간장 적당량

물 3컵

불고기 양념
양조간장 4큰술, 설탕 2큰술, 청주 2큰술, 다진 마늘 1큰술, 다진 생강 1작은술, 참기름 1큰술, 후춧가루 약간

둘이서 맛있게 5900원

> **Tip**
> 끓이는 정도와 국간장의 짠맛의 정도에 따라 국간장의 양을 조절하세요.

**사이드 디쉬 : 된장드레싱 찐호박샐러드**

애호박 1/3개　　　**400원**

🥣 된장 드레싱

된장 1큰술, 올리고당 2작은술, 다진 마늘 1작은술, 깨소금 1작은술, 참기름 2작은술, 물 1큰술, 고춧가루 약간

슬라이스한 애호박은 전자레인지에서 2분간 익혀, 위 분량의 재료를 섞어 만든 드레싱을 끼얹어 완성한다.

① 대파를 길게 채 썰어 주고, 불고기에는 분량의 양념을 넣어 20분간 재운다.
② 찬물에 육수 팩을 넣고 충분히 끓여 육수를 만든다.
③ 양념한 소고기를 냄비 가운데에 담고, 대파채를 둘러 담는다.
　마지막으로 끓여 가며 부어 먹는다.

대파불고기 전골

2,800원×2인분=5,600원

여럿이 즐겨도 좋은 별미 중의 별미,
대패삼겹살 스키야키!

# 대패삼겹살 스키야키

대패삼겹살 하면 대학생 때 짝사랑하던 복학생 선배가 생각이 나요. 그 선배는 군복을 입었을 때 가장 멋있어 보였어요. 그 선배는 예비군이 끝나면 그 시간에 학교에 남아 있는 같은 과 사람 몇을 모아, 학교 앞 대패삼겹살집에 데리고 갔어요. 삼겹살 기름으로 먼지 먹은 걸 씻어 줘야 한다는 아저씨 같은 말을 하면서 꼭 한마디 덧붙였어요.
"많이 먹어라." 그때는 그 말이 참 어른스럽고 좋았어요. 고기도 얼마나 잘 굽던지요.
당시에는 몰랐지만 사실 대패삼겹살은 냉동육을 사용해 가격이 저렴하다는 장점과 질이 낮은 고기를 사용하는 곳이 많다는 단점이 있지요. 하지만 역시 추억은 그날의 분위기로 기억되는 것 같아요. 지금까지도 그날의 대패삼겹살집 분위기를 잊지 못합니다.

대학가의 술안주로 인기 있는 대패삼겹살은 저렴한 비용으로 누릴 수 있는 재료이지요. 특히 불 위에서 지글지글 직접 구워 먹는 맛이 최고예요. 토마토와 청경채 등 있는 재료와 함께 팬에서 구워 내어서 계란노른자에 콕~ 찍어먹는 스키야키는 또 다른 별미랍니다. 밥 한 공기에 대패삼겹살 스키야키 반찬이라면 든든한 식사가 될 거예요.

### 주재료

| | |
|---|---|
| 대패삼겹살 200g | 3600원 |
| 방울토마토 14개 | 800원 |
| 청경채 1동 | 800원 |
| 계란 2개 | 400원 |

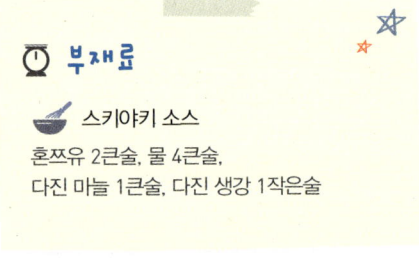

스키야키 소스
혼쯔유 2큰술, 물 4큰술,
다진 마늘 1큰술, 다진 생강 1작은술

둘이서 맛있게 5900원

> **Tip**
> 혼쯔유가 없다면 참치 액젓이나 가쓰오 육수를 대신 이용하세요.

① 방울토마토는 모두 반으로 잘라 준다.
② 분량의 스키야키 소스를 볼에 넣어 골고루 섞는다.
③ 열이 오른 팬에 대패삼겹살, 방울토마토, 청경채를 올리고 스키야키 소스를 뿌려 가며 굽는다. 잘 익은 대패삼겹살을 계란노른자에 찍어 먹는다.

> **Tip**
> 스키야키는 계란 노른자에 찍어 먹으면 더 맛있어요!

2,915×2인분=5,830원

스테이크를 즐기는 또다른 멋진 방법,
돼지고기 스테이크 웜 샐러드!

# 돼지고기 스테이크 웜 샐러드

아주 더운 여름날이었어요. 친구와의 점심식사 약속이 갑자기 깨졌지요. 이미 채비를 하고 나왔는데 연락이 온 거였어요. 그대로 돌아가기는 너무 허무하기도 하고 배도 출출해서 혼자 식사할 만한 곳을 찾기 시작했죠.

한참을 걷다가 하얀 건물의 카페를 발견했어요. 들어가자마자 느껴지는 에어컨의 냉랭한 기운이 좋더라구요. 메뉴판을 보니 평소 좋아하는 웜 샐러드도 있었어요.

조금 기다리니 방울토마토, 파프리카, 새송이 버섯, 방울 양배추가 알록달록 색감을 자랑하는 예쁜 접시가 하나 나왔어요. 접시를 깨끗이 비우고서야 배가 많이 고팠다는 사실을 알았어요. 때맞춰 친구로부터 앙증맞은 이모티콘이 첨부된 사과 메시지도 왔어요. 기분이 아주 좋아졌죠. 잠깐 사이에 기분이 이렇듯 오르내릴 수 있다니 한여름의 변덕 같은 날이었어요.

돼지고기 스테이크 웜 샐러드
총 5,830원

스테이크를 즐기는 방법은 다양하지요.
덩어리째 가니쉬 채소와 함께 내어 분위기 잡으면 썰어 드셔도 좋고 오늘처럼 한 입 크기로 잘라 찹스테이크 기분 내도록 볶아 주어도 좋아요. 소스에 버무려 따뜻하게 즐기는 웜 샐러드는 풍성한 채소와 돼지고기 스테이크를 함께 먹을 수 있어서 별다른 가니쉬나 반찬을 준비하지 않아도 좋아요. 동그랗게 만든 주먹밥 두 개를 팬에 함께 올려 따뜻하게 내면 예쁘고 든든한 한 끼를 완성할 수 있어요.

350원  1000원  1000원  380원  100원  3000원

### 주재료

| | |
|---|---|
| 돼지고기 구이용 앞다리 살 200g | 3000원 |
| 양파 1/2개 | 100원 |
| 양상추 1/3통 | 350원 |
| 홍피망 1/2개 | 1000원 |
| 노랑 파프리카 1/2개 | 1000원 |
| 새송이 버섯 1개 | 380원 |

### 부재료

간 마늘 또는 다진 마늘 약간, 식용유 약간

**돼지고기 밑간**
청주 2큰술, 꽃소금 1/2작은술, 후춧가루 약간

**양념장**
바비큐 소스 4큰술, 우스터소스 4큰술, 진간장 4큰술, 설탕 2큰술, 스리라차 소스 1큰술, 다진 생강 1/2작은술, 후춧가루 약간

둘이서 맛있게 5900원

① 돼지고기는 한입 크기로 썰어 분량의 돼지고기 밑간에 20분간 재운 후, 식용유를 두른, 열이 오른 센 불의 팬에서 앞뒤로 구워 준다.
그 다음, 한입 크기로 썬 버섯, 파프리카, 슬라이스 한 마늘을 넣어 볶는다.

② 1이 볶아지면 분량의 양념장을 넣어 간이 배이게 볶는다.

③ 마지막으로 불을 끄고 한입 크기로 찢은 양상추를 넣어 잔열에 익히면서 골고루 섞어 완성한다.

> **Tip**
> 양념 소스는 기호에 따라 굴 소스나 진간장을 섞어 사용해도 좋으며,
> 스리라차 소스 대신 핫 소스를 넣어 매운맛을 주어도 좋아요.
> 조금 걸쭉한 농도를 원할 때에는 마지막에 물 녹말을 풀어 주면 좋아요.

✓ 2,775원×2인분=5,550원

식당에서만 먹던 팟타이를 이제 집에서 간편하게 즐겨요

# 돼지고기 안심 팟타이

어느 날 '삶의 가치관이 무엇인가요?' 라는 질문을 받았어요. 저는 이렇게 답할 거예요. 저는 요리를 사랑합니다. 요리가 곧 저의 삶이고 가치관이예요. 지속적인 노력 끝에 재료를 구입하고 손질하고 조리 과정을 거쳐 하나의 요리로 완성되기까지 그 과정 자체를 즐길 수 있게 되었다라고요. 어떤 가치관이든 나에게 소중한 가치관의 과정부터 결과까지 완벽하게 사랑해 봄은 어떨까요?

결과만이 행복을 가져다주지 않아요. 때로는 결과와 상관없이 힘든 과정을 무사히 마쳤다는 사실 하나만으로도 큰 기쁨을 얻을 수도 있어요. 삶의 모습이 어떻든 나 자신을 가장 사랑하고 크게 응원해야 한다고 생각해요. 그러면 반드시 행복한 자신을 발견할 수 있을 것이라고 믿어요.

이제는 우리에게 너무나 익숙한 동남아시아 음식인 팟타이를 집에서도 즐겨 보시면 어떨까요? 저렴한 부위인 안심 부위를 살짝 튀겨 내면 안심 부위에서 모자라는 기름진 맛을 보충할 수 있어요. 튀긴 돼지고기를 채소와 함께 새콤달콤한 팟타이 소스에 볶아 내니 금세 근사한 한 접시가 완성됩니다.
집에 있는 소스들로 팟타이 소스를 대신할 팁도 알려 드려요.

## 주재료

| 돼지고기 안심 200g | 2700원 |
| 양파 1/2개 | 200원 |
| 표고버섯 2개 | 500원 |
| 숙주 1/2봉지 | 740원 |
| 부추 10대 | 140원 |
| 대파 10cm 한 토막 | 150원 |
| 오이 맛 고추 2개 | 270원 |
| 홍고추 1개 | 450원 |
| 계란 2개 | 400원 |

## 부재료

튀김용 식용유 적당량

**돼지고기 밑간**
청주 2큰술, 꽃소금 1/2작은술, 후춧가루 약간

**튀김옷**
튀김 가루 2/3컵, 소주 2/3컵

**양념**
팟타이 소스 3큰술, 진간장 1큰술

> **Tip**
> 팟타이 소스가 없을 경우에는 진간장, 까나리 액젓, 식초, 설탕을 섞어 만들어도 좋아요.
> 또한, 튀김옷에 소주를 약간 넣어 주면 바삭한 식감의 튀김을 즐길 수 있어요.

① 4cm 길이로 썬 돼지고기 안심살에 분량의 밑간 재료를 넣어 20분간 재운 후, 튀김옷을 입혀 튀긴다.

② 계란을 풀어 스크램블 에그를 만들어 준비한다.

③ 식용유를 두른, 팬에 채 썬 오이 맛 고추, 홍고추, 양파, 대파를 볶다가 숙주를 넣고 분량의 양념을 넣고 센 불에서 빨리 볶는다.

④ 튀긴 돼지고기 안심을 넣고 양념이 잘 섞이도록 짧게 휘릭 볶아 그릇에 담는다. 스크램블 에그를 그 위에 얹어 완성한다.

✓ 2,550원×2인분=5,100원

상큼한 살사 소스와 즐기는 색다른 별미,
돼지불고기 살사라이스!

# 돼지불고기 살사라이스

저희 가족은 명절때마다 다양한 음식을 함께 즐겨요. 설날에 만드는 김치만두는 명절 음식의 백미예요. 예전보다 적게 만든다고 해도 주먹만한 크기의 만두를 오백여개쯤 만들기 때문에, 모르는 사람이 들으면 깜짝 놀라죠. 음식에 들이는 정성은 곧 어머님의 사랑 표현이라는 것을 가족들은 다 알고 있어요. 그래서 더 감사하죠.

이웃과 가족을 위해 넉넉히 음식을 장만하시고 양손 무겁게 짐을 들려 보내시는 그 마음은 바다처럼 깊어요. 어머님 음식 중 집에 가져갔을 때 남편이 가장 좋아하는 음식은 어머님표 돼지 불고기예요. 제가 아는 분 중, 돼지불고기를 가장 맛있게 만드시는 분이예요. 감사하게도 저는 어머님을 통해 깊은 음식의 맛과 정성을 배울 수 있어요.

**돼지불고기 살사라이스**
총 5,100원

오늘은 매콤한 맛이 일품인 살사소스에 채소를 듬뿍 넣어 버무려 불고기와 곁들여볼까요?
달콤 짭조름한 불고기와 밥과 함께 비벼 먹으면 좋아요. 입맛 없는 날, 밥 한 그릇 뚝딱하는 입맛 돋우는 요리가 되어준답니다. 지라시 초밥처럼 층층이 얹은 모양도 재미있어 둘이서 사이좋게 나누기 참 좋아요.

### 주재료

| | |
|---|---|
| 돼지고기 앞다리 불고기감 300g | 2250원 |
| 토마토 2개 | 1350원 |
| 적양파 1/2개 | 500원 |
| 오이 1/2개 | 400원 |
| 상추 5장 | 500원 |
| 청양고추 1개 | 100원 |

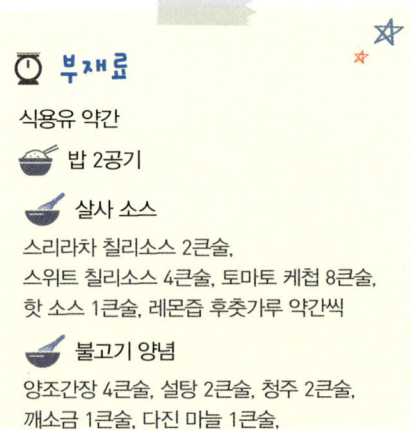

### 부재료

식용유 약간

🍚 밥 2공기

🥣 살사 소스
스리라차 칠리소스 2큰술,
스위트 칠리소스 4큰술, 토마토 케첩 8큰술,
핫 소스 1큰술, 레몬즙 후춧가루 약간씩

🥣 불고기 양념
양조간장 4큰술, 설탕 2큰술, 청주 2큰술,
깨소금 1큰술, 다진 마늘 1큰술,
다진 생강 1작은술, 참기름 1큰술, 후춧가루 약간

둘이서 맛있게 5900원

① 토마토는 십자 모양의 칼집을 내주고 끓는 물에 10초간 담갔다 건져 껍질을 벗긴 후, 굵게 다진다.

　오이, 양파, 청양고추도 굵게 다져 분량의 살사 소스에 재워 냉장고에서 1시간 정도 숙성시킨다.

② 핏물을 제거한 돼지고기에 위 분량의 불고기 양념을 부어 20분간 재운 후, 볶아낸다.

③ 완성 그릇에 밥을 담고 그 위에 채 썬 상추를 얹는다.

　마지막으로 볶은 돼지고기, 살사 소스에 재운 채소를 얹어 완성한다.

> **Tip**
> 스리라차 칠리소스 대신에 고추장을 활용할 수 있어요.
> 또 스위트 칠리소스 대신에 올리고당을 활용하면 좋아요.

돼지불고기 살사라이스

2,900 × 2인분 = 5,800원

맛도 식감도 업그레이드 되는
배와 돼지의 만남,
배소스 돼지고기 스테이크!

# 배소스 돼지고기 스테이크

여러분은 혹시 내가 좋아하는 식재료의 원산지에 가본 경험이 있으신가요? 저는 최근 배 밭에 다녀왔어요. 친한 친구의 아는 동생이 운영하고 있는 과수원이었죠. 저도 몇번이나 함께 밥을 먹은 사이라서 잘 알고 있는 친구였죠. 그런데 최근 못 본 사이 농부가 되어있었어요. 가업 승계를 요청하는 부모님의 강한 권유로 결정하게 되었다고 했죠.

주변의 만류와 걱정 속에서 농부가 된지 2년차, 배 수확철이 되어 친구와 저를 초대한 거였죠. 과수원 규모는 생각보다 더 컸어요. 건강한 얼굴을 한 초보 농사꾼이 우리를 반겨주었어요. 같이 싱싱한 배를 따며, 그 친구의 우여곡절이 담긴 생생한 이야기를 들었죠. 맛있는 저녁식사까지 대접받은 저희는 아쉬운 마음으로 그곳을 떠났어요. 배를 보면, 한동안은 그 친구의 밝은 얼굴이 생각날 것 같네요.

과일이 들어간 고기 양념은 고기의 육질을 부드럽게 해 줄 뿐만 아니라 건강한 단맛을 낼 수 있어요. 넉넉한 배소스에 조린 돼지고기를 채 썰어 부드럽게 익힌 양배추와 함께 즐기면 식감도 좋고 포만감도 풍성해져요. 별다른 채소 없이 익힌 양배추와 함께 만족스럽게 즐겨 보세요.

### 주재료

| | |
|---|---|
| 돼지고기 구이용 앞다리 살 300g | 4500원 |
| 양배추 1/4통 | 500원 |
| 양파 1/2개 | 100원 |
| 배 1/2개 | 700원 |

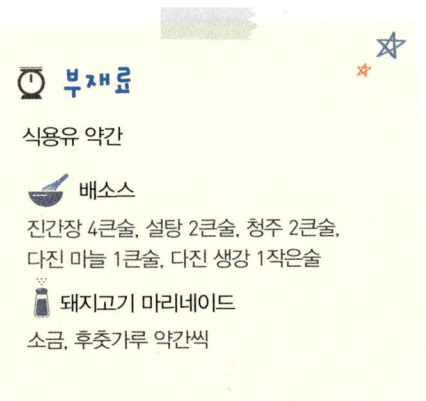

### 부재료

식용유 약간

🥣 **배소스**
진간장 4큰술, 설탕 2큰술, 청주 2큰술, 다진 마늘 1큰술, 다진 생강 1작은술

🧂 **돼지고기 마리네이드**
소금, 후춧가루 약간씩

① 돼지고기 목살은 앞 뒤로 십자모양 칼집을 주어 소금, 후춧가루를 약간 뿌려 20분간 재운다. 양파와 배는 강판에 갈아 준비한다.

② 양배추는 채를 썰어 전자레인지 용기에 담는다. 용기에 랩을 덮어 3분~4분 정도 전자레인지에 돌려 부드러워지도록 익힌다.

강판에 간 양파, 배에 위 분량의 배소스 재료를 넣어 골고루 섞어 준비한다.

③ 식용유를 두른, 열이 오른 팬에 1의 돼지고기 앞 뒤면을 완전히 익힌 후, 배소스를 부어 조리듯이 구워 완성한다.

완성 그릇에 양배추를 담고, 그 위에 구운 돼지고기와 소스를 부어 완성한다.

**Tip**
양배추는 익으면 단맛이 배가되어 구운 돼지고기와 잘 어울려요.

★ 사이드 디쉬 : 적양파 피클

적양파 1/2개 　　　　500원
식초 2큰술, 설탕 1큰술, 꽃소금 1/2작은술

슬라이스한 적양파에 위 분량의 양념을 넣어 골고루 버무린 후, 30분 정도 숙성시킨다.

2,640원×2인분=5,280원

닭다리살은 언제나 진리,
삼채와 즐기는 로스트치킨!

# 쌈채와 로스트 치킨

가끔 자라온 시간을 가만히 돌아보면, 단독주택에 살 때 참 행복했었지라는 생각을 해요. 잔디 마당에는 꽃과 나무가 많았어요. 봄이면 담장에 개나리가 늘어지고, 주먹밥같은 하얀 목련이 하나 가득 피었어요. 저희 집 마당의 커다란 라일락 나무는 마을의 명물이기도 했어요. 봄이면 꽃내음이 마을 곳곳에 퍼졌거든요. 자연환경도 좋았지만, 저는 무엇보다 친구들과 마음껏 놀았던 게 기억이 나요. 여름밤 옥상에 텐트를 치거나 이웃 집 레코드에서 흘러 나온 음악을 따라 부르고, 겨울 내 따뜻한 보일러실에 콕 박혀 동생과 놀았죠. 그 중에서도 가장 좋아한 곳은 텃밭이었어요. 아침저녁으로 밥먹을 때마다 쌈채소를 뜯어오는 것은 늘 동생과 저의 몫이었어요. 저희는 어렸지만 심고, 먹고, 키우기를 반복하며 텃밭의 순기능을 배웠어요. 텃밭은 놀이터이자, 밥상을 풍성하게 해주던 야채시장이었고 우리가족의 애정이 듬뿍 담긴 소중한 곳이었답니다.

쌈채와 로스트 치킨
총 5,280원

맛있는 닭다리 살을 달콤 짭조름하게 재워 구워보세요. 넉넉히 준비한 쌈 채 위에 고기를 얹어 먹으면 더 좋아요. 알싸한 맛을 더해 주는 와사비마요 소스를 곁들이면 요리가 한층 업그레이드 돼요. 따뜻한 밥 한 공기와 함께 든든하고 맛있는 한 끼 즐겨보세요.

700원
4580원

### 주재료

손질 닭다리 살
4조각 (350g)　　　　4580원

쌈 채소 10장　　　　700원

### 부재료

 닭고기 밑간
진간장 2큰술, 시판용 바비큐 소스 2큰술,
설탕 1큰술, 청주 2큰술, 다진 마늘 1큰술,
다진 생강 1작은술, 후춧가루 약간

 와사비 마요네즈 드레싱
마요네즈 4큰술, 연와사비 1작은술, 꿀 1큰술

 샐러드 드레싱
엑스트라버진 올리브유 2큰술,
발사믹 식초 2큰술, 양조간장 1큰술, 꿀 1큰술

**Tip**

고기 밑간에 시판용 바비큐 소스를 약간 넣어 주면, 간단히 숯불에 구운 맛과 향을 즐길 수 있어요.

---

**★ 사이드 디쉬 : 적양파 피클**

적양파 1/2개 　　　　**500원**
식초 2큰술, 설탕 1큰술, 꽃소금 1/2작은술

슬라이스한 적양파에 위 분량의 양념을 넣어 골고루 버무린 후, 30분 정도 숙성시킨다.

---

① 기름기를 제거한 닭 다리살에 분량의 닭고기 밑간 재료를 넣어 20분간 재운 다음, 팬에서 굽는다. 쌈 채소는 한입 크기로 찢어 얼음물에 잠시 담가 싱싱하게 해 준다.

② 분량의 와사비 마요네즈 드레싱 재료를 볼에 넣어 골고루 섞는다.

③ 완성 그릇에 한입 크기로 찢은 쌈 채소를 담고, 분량의 샐러드 드레싱을 끼얹는다. 구운 닭 다리살을 얹고 와사비 마요네즈 드레싱을 토핑하여 완성한다.

Part **9**

# 프레쉬한 통조림 요리

✓ 2,945원×2인분=5,890원

통조림 골뱅이, 그냥 드시지 말고 바삭하게 튀겨 드세요.

# 골뱅이 튀김 비빔면

가끔 길을 걷다가 포장마차를 보게 되면, 대학 동기들의 얼굴이 둥실하고 떠올라요. 그 시절에 늘 붙어 다니던 친구 둘은 술을 잘 마시지 못해도 즐길 줄 아는 친구들이었어요. 그런 저희가 자주 찾던 곳이 바로 지하철 역 출구 바로 아래 있는 이모네 포장마차예요.

저희는 사실 술보다 그 곳의 대표메뉴를 먹으러 가는 거였어요. 얇게 썬 오이, 파 채, 골뱅이가 새빨간 고춧가루 양념 옷을 입고 나온 골뱅이 무침! 맵다하면서도, 계속 젓가락이 가는 맛이었죠. 그저 평범한 통조림 골뱅이였는데도 하나도 비리지 않고 맛있어요. 하지만 지금은 아쉽게도 그 시절 추억들과 멀어져버렸어요.

이렇게 문득 그리워지면 저는 부엌으로 향합니다. 그때 먹은 음식을 내 곁의 또 다른 누군가와 나누며 이야기 꽃을 피우죠.

여러분은 평소에 통조림 골뱅이로 어떤 요리를 해 드세요? 이제 골뱅이를 그냥 생으로 먹지 말고, 튀겨보세요. 국물을 이용해 만든 튀김옷을 입혀 튀기면 특유의 비린내는 사라지고 식감도 부드러워져요. 튀긴 골뱅이는 부피도 늘어나고 감칠맛도 더해져요. 게다가 튀김옷 덕에 양념도 더욱 잘 배어들기 때문에 곁들이는 채소와 면도 함께 잘 어우러진답니다.

### 주재료

| | |
|---|---|
| 통조림 골뱅이 230g 한 캔 | 3590원 |
| 양파 작은 크기 1/2개 | 200원 |
| 대파 1대 | 1000원 |
| 숙주 1/3봉지 | 500원 |
| 생면 사리 또는 라면 사리 2개 | 600원 |

### 부재료

튀김용 식용유 적당량, 참기름, 통깨 약간씩

 튀김옷
위 분량의 양파 다진 것, 밀가루 박력분 1/3컵, 골뱅이 국물 1/4컵, 파슬리 가루 약간

 초고추장 비빔장
고추장 5큰술, 식초 4큰술, 설탕 4큰술, 참기름 2큰술, 깨소금 2큰술

1. 채 썬 대파와 삶은 숙주는 얼음물에 10분 정도 담가 싱싱하게 해 준 다음, 종이 타월로 감싸 물기를 제거한다.
2. 볼에 분량의 튀김옷 재료를 넣고 섞은 뒤, 골뱅이에 튀김옷을 입힌다.
   이 때, 통조림 골뱅이 국물로 농도를 맞추면 감칠맛이 나서 좋다.
3. 낮은 온도의 식용유에서 튀김옷을 입은 골뱅이를 재빨리 튀겨 낸다.
4. 1의 대파와 숙주와 삶은 생면에 참기름과 통깨를 약간 뿌려 골고루 섞고, 완성 접시에 튀긴 골뱅이와 함께 담아 분량의 초고추장을 뿌려 상에 낸다.
   튀겨 낸 골뱅이를 함께 넣어 비벼 먹거나, 면만 따로 비벼 낸 후 골뱅이를 얹어 먹어도 좋다.

> **Tip**
> 간이 되어 있는 골뱅이 국물로 튀김옷을 만들기 때문에 튀김 가루 대신 밀가루를 사용하세요.
> 생면 대신 소면이나 쫄면, 라면 사리 등 좋아하는 면을 넣어도 좋아요.

골뱅이 튀김 비빔면

2,940원×2인분=5,880원
통조림 꼬막의 기막힌 변신!
꼬막 비빔밥

# 꼬막 비빔밥

저의 이웃 블로거가 들려준 이야기예요. 요리 블로그를 시작한 계기에 대한 이야기였죠. 지방에서 올라와 서울에서 직장생활을 하던 이웃은 매일같이 즉석식품을 먹었다고 해요. 식재료를 사는 것도, 요리를 해볼 생각도 해본 적이 없었다고 했죠.

그러던 어느 날 출근 길 지하철 안에서 갑자기 쓰러진거예요. 병원에 실려갔고, 다행히 몸에 큰 이상은 없었어요. 하지만 그 날을 계기로 '내 건강은 내가 지키자'라는 생각을 갖게 되었다고 해요. 서서히 집밥에 눈을 뜨게 되었고, 다양한 채소를 먹기로 결심하죠. 확실한 실천을 위해서 블로그에 채소(요리)일기를 쓰기 시작했어요. 일년 동안 매일 먹은 채식 식단을 빠짐없이 정리해 놓으니, 건강은 물론 삶 자체가 달라졌다고 말해요.

한 번은 채소 식단 중 가장 맛있게 먹은 음식이 무엇인지 물어봤어요. 이웃님은 꼬막비빔밥이라고 답해주셨어요. 꼬막은 단백질, 비타민, 필수 아미노산 등 갖은 영양소의 보고라고 하죠. 저는 이웃의 이야기를 듣고 그 날 저녁, 곧바로 꼬막 비빔밥을 해먹었답니다.

**꼬막 비빔밥**
총 **5,880**원

꼬막은 손질하기도 번거롭고, 나중에 껍데기 처리도 어렵지요. 하지만 통조림을 활용하면 간편하게 맛볼 수 있어요. 통조림 국물을 뺀 후, 알맹이를 고소한 참기름과 통깨에 버무려요. 향 좋은 부추와 새싹 채소 그리고 고소한 맛 더해줄 계란노른자도 준비를 하세요. 따뜻한 밥 위에 재료를 가지런히 올려 비벼 먹으면 최고의 비빔밥을 즐길 수 있어요.

### 주재료

| | |
|---|---|
| 통조림 꼬막 280g 한 캔 | 3980원 |
| 영양 부추 반 줌 | 500원 |
| 새싹 채소 2컵 | 1000원 |
| 계란 2개 | 400원 |

### 부재료

밥 2공기

비빔장
진간장 4큰술, 참기름 2큰술, 고춧가루 2큰술, 깨소금 2큰술, 맛술 1작은술, 다진 파 약간

꼬막 밑간
참기름 2큰술, 통깨 1큰술

> **Tip**
> 영양 부추 대신 일반 부추나 달래, 쑥갓, 깻잎처럼 향이 나는 채소를 사용해도 좋아요.
> 간장 비빔장 대신 초고추장에 비벼 드셔도 좋아요.

① 통조림 꼬막은 채반에 받쳐 국물을 제거한 후, 분량의 양념으로 꼬막 밑간을 한다. 부추는 3cm 길이로 썬다.

② 분량의 비빔장 재료를 볼에 넣어 골고루 섞는다. 계란은 노른자만 따로 걸러 놓는다.

③ 완성 접시에 따뜻한 밥과 양념한 꼬막, 영양 부추, 새싹 채소를 담고 계란노른자를 올려 비빔장과 함께 상에 낸다.

✓ 2,890 × 2인분 = 5,780원
통조림으로 즐기는 영양만점, 닭고기 카레!

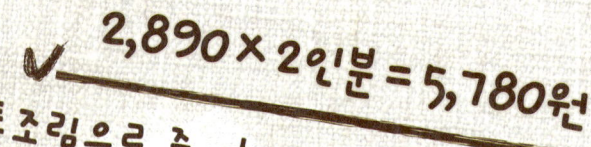

# 닭고기 카레

저는 어릴 때, 자주 오해를 받곤 했어요. 부모님은 오빠와 남동생 사이에 있던 저를 마냥 곱게 키우고 싶으셨죠. 털털한 성격을 가지고 있었음에도 불구하고 사람들은 항상 제가 레이스가 달린 공주 옷을 입고 다니니까, 새침떼기일 거라는 오해를 했죠. 하지만 부모님의 기대와 달리 저는 아버지가 기계를 만지면 쪼르르 가서 구경을 하고, 오빠가 보는 액션물을 즐겨보며 자랐어요.

저와 달리 남편은 굉장히 섬세한 성격의 소유자예요. 그게 저에게는 매력으로 다가왔죠. 하지만 남편의 가장 큰 매력은 쌍둥이 누나가 있다는 것이었어요. 저는 결혼을 통해 꿈꾸던 여자 형제가 생겼죠. 자매처럼 친구처럼 곁을 내준 두 분으로 말미암아 저는 남편 그리고 시댁 식구들과 진정한 가족이 될 수 있었어요. 요리로 비유를 하자면, 마치 온갖 재료가 한데 어울려 조화로운 맛을 내는 카레처럼 말이예요.

서로를 있는 그대로 받아들이는 열린 마음, 그것이 바로 '삶의 맛'을 내는 가장 기본 재료가 아닐까요.

총 5,780원

바야흐로 통조림의 시대입니다. 닭가슴살 통조림은 감칠 맛 살려주는 채소육수와 함께 담겨있어 요리에 활용하기 좋아요. 깍둑 썬 채소를 볶아 만드는 카레의 마지막 과정에 넣어주면 손쉽게 닭고기 카레 맛을 낼 수 있어요.
닭고기 통조림으로 더 간편하고 맛있는 카레 사이좋게 즐겨보세요.

### 주재료

| 닭 가슴살 통조림 90g 2캔 | 2700원 |
| 카레 가루 순한맛 1/2봉지(50g) | 950원 |
| 감자 1개 | 700원 |
| 새송이 버섯 1개 | 380원 |
| 당근 5cm 한토막 | 250원 |
| 양파 1개 | 400원 |
| 애호박 1/3토막 | 400원 |

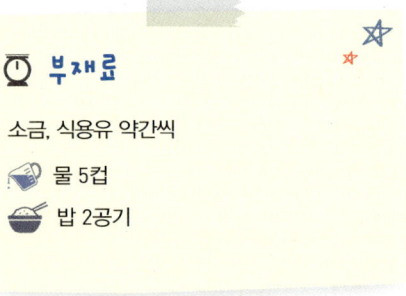

### 부재료

소금, 식용유 약간씩

물 5컵

밥 2공기

둘이서 맛있게 5900원

> **Tip**
> 새송이 버섯은 고기의 식감을 대신할 수 있어 카레에 넣어 주면 좋아요.
> 또한, 닭 가슴살 통조림에 담겨 있는 국물은 채소 육수이기 때문에 채반에
> 거르지 않아도 돼요.

① 감자, 당근, 양파, 새송이 버섯, 애호박은 깍둑 썰어 식용유를 두른, 팬에 소금을 살짝 뿌려 볶는다.

② 1이 볶아지면 물을 넣고 끓인다. 재료가 익으면, 카레 가루를 뭉치지 않게 풀어 넣는다.

③ 마지막으로 통조림 닭 가슴살을 넣어 완성한다.
처음부터 넣어 끓이면 닭 가슴살이 부서지기 때문에 마지막에 넣어 완성한다.

2,385 × 2인분 = 4,770원

향긋한 생강장과 꽁치 튀김의
이유있는 만남, 생강장 꽁치튀김

# 생강장 꽁치튀김

남편의 퇴근 시간은 하루 중 가장 기다려지는 때예요. 저는 결혼 전부터 '밥'을 제때 챙겨 먹는 것을 중요하게 생각했고, 결혼 후에도 그 생각은 변하지 않았죠. 남편과 마주 앉아 오붓하게 식사하는 즐거움을 알게 되니, 식사 시간이 더 기다려졌어요.

아침밥 또한 중요해요. 평소엔 노릇하게 구워진 빵과 갓 내린 커피를, 술 먹은 다음 날엔 해장국을 꼭 끓여 먹여야 마음이 편해요. 여행으로 집을 비울 때도 예외는 없어요. 먹을 반찬과 간식을 미리 준비해 놓고 떠나요. 이런 제가 유난스러워 보일 수도 있어요. 하지만 저는 음식을 만드는 모든 과정을 사랑하고, 맛있는 음식을 나눌 때 가장 행복한, 그런 가치관을 지닌 것 뿐이죠. 사랑하는 사람과 정성껏 차린 한 상을 나누는 그 기쁨을 위해 저는 계속 요리를 할 거예요.

꽁치통조림은 꽁치가 덩어리째 들어있어 더욱 영양가 높은 조리식품이지요. 즐기는 법은 다양하지만, 꽁치는 튀겼을 때 가장 감칠맛이 좋아져요. 카레 가루 섞은 튀김옷을 입혀 튀겨보세요. 비린내는 사라지고 생강을 넣고 조린 소스를 끼얹어 먹으니 참 맛있는 생선요리가 되네요. 향이 좋은 미나리 샐러드를 곁들여 풍성하고 멋진 생선요리를 즐겨보세요.

## 주재료

| 꽁치 통조림 400g 1캔 | 3370원 |
| 미나리 반 줌 | 750원 |
| 깐 생강 한 톨 | 300원 |
| 대파 10cm 한 토막 | 150원 |
| 튀김옷 | |
| 카레 가루 2큰술 | 200원 |
| 튀김 가루 1컵, 소주 1컵 | |

## 부재료

식용유 적당량

🥣 **생강장 양념**
진간장 4큰술, 물 6큰술, 청주 2큰술, 맛술 2큰술, 설탕 1큰술

🥛 **물 녹말**
감자 전분 1큰술, 찬물 1큰술

🥣 **미나리 양념**
카놀라유 1큰술, 고춧가루 1작은술, 깨소금 1작은술, 고운 소금 약간

둘이서 맛있게 5900원

① 통조림 국물을 제거한 꽁치에 분량의 재료로 만든 튀김옷을 입힌다.
② 열이 오른 160도의 식용유에 꽁치를 튀겨 내고, 종이 타월 위에 잠시 올려 기름기를 제거한다.
③ 위 분량의 생강장 양념에 채 썬 생강과 대파를 넣어 한소끔 끓인 후, 물 녹말을 넣어 걸쭉하게 농도를 맞춘다.
④ 한입 크기로 찢은 잎이 연한 미나리에 카놀라유를 넣어 버무린 후, 나머지 양념을 넣어 살살 버무린다. 튀긴 꽁치에 생강장 양념을 끼얹고 양념에 무친 미나리를 옆에 담아 완성한다.

> **Tip**
> 채소를 샐러드로 이용할 때에는 오일에 먼저 살짝 버무려주면, 양념이 직접 닿지 않아 숨이 쉽게 죽지 않아요.
> 미나리 생채를 할 때 카놀라유나 올리브유처럼 기름을 먼저 발라 코팅한 후 양념을 하면 먹는 동안 내내 숨이 죽지 않아요.
> 기름양이 부담된다면, 팬에 기름을 넉넉히 두르고 튀김옷을 입힌 생선을 굽듯이 튀겨도 좋아요.

✓ 2,520원×2인분=5,040원

이렇게 간단한데 더 맛있어요!
스팸 월남쌈!

# 스팸 월남쌈

평소 삼시세끼를 꼬박 잘 챙겨 먹기 때문일까요? 어느 날, 피치못할 일로 점심을 거르니 오후에 허기가 져서 기운이 나지 않더라구요. 계속해서 밥 먹을 시간이 나질 않았고, 저녁 시간만 눈 빠지게 기다렸죠. 하지만 점심의 불행은 저녁까지 이어지고 말았어요. 집에 들렀다가 금방 다시 다른 일을 하러 나와야 하는 상황이었지요.

시간이 부족했지만, 저는 서둘지 않았어요. 오히려 점심부터 생각한 근사한 요리를 하기 위해 천천히 더 집중을 했죠. 야채는 마침 어제 미리 썰어 놓았던 것을 사용했어요. 스팸을 굽고 라이스페이퍼를 쌀짝 데쳐 돌돌말았더니 맛있는 쌈이 금방 완성되었어요. 시간도 얼마 걸리지 않았어요.

든든히 먹고 나가니 저녁의 일도 수월하게 마칠 수 있었어요. 바쁠수록 나를 위한 음식을 만드는 여유를 갖는 것이 필요해요.

스팸 월남쌈
총 5,040원

월남쌈은 다양한 재료가 어우러져 조화로운 맛을 내는 음식이지요. 하지만 재료 준비가 만만치 않아요. 그럴 땐, 스팸으로 간단히 만들어보세요. 고기나 해산물 대신 스팸을 구워서 넣고, 심플한 채소스틱에 쌈 채소를 더해주면 되죠. 완성된 모양도 아름답고 씹는 맛도 풍성한 월남쌈이 완성됩니다. 두 가지 소스와 함께 상에 올리고 국수나 밥과 함께 즐겨 보시면 좋을 것 같아요.

## 주재료

| | |
|---|---|
| 스팸 작은 캔 (200g) 2/3개 | 2460원 |
| 쌈 채소 10장 | 700원 |
| 홍 파프리카 1/4개 | 500원 |
| 노랑 파프리카 1/4개 | 500원 |
| 새송이 버섯 1개 또는 머쉬마루 버섯 5개 | 380원 |
| 라이스페이퍼 10장 | 500원 |

 부재료

식용유 약간, 레몬 약간, 스프링롤 소스 4큰술

 땅콩 소스

땅콩버터 1큰술, 우유 1큰술,
진간장 1작은술, 설탕 1작은술, 땅콩가루 약간

> **Tip**
> 스팸의 짠맛이 강해서 채소에는 별도의 밑간을 하지 않아요. 라이스페이퍼는 약간 마른 듯한 느낌일 때 싸야 롤을 만들었을 때, 적당한 식감이 되어요.

① 파프리카, 버섯은 길게 채를 썰고, 스팸은 굵게 채를 썬다.
② 식용유를 두른, 열이 오른 팬에 버섯과 스팸을 앞뒤로 구워 준다.
③ 레몬을 띄운 미지근한 물에 라이스페이퍼를 살짝 담갔다 꺼낸다.
  그 위에 쌈 채소 1장을 펼치고, 준비한 재료를 얹어 쌈 채소를 말아 준다.
④ 그 다음, 라이스페이퍼 양옆을 접어 돌돌 말아 스프링롤 소스, 땅콩 소스와 함께 상에 낸다.

# 연어 김치찌개

언젠가 독감에 걸려 온몸이 부서지듯 아팠던 날이 있었어요. 평소 늘 건강하다가도 계절이 변하면 한 번씩 앓곤 했어요. 밥을 먹어야 잘 이겨 낼 수 있겠거니 생각이 들었지만 막상 움직이기 쉽지 않았죠. 그래서 머릿속으로 내 몸이 원하는 음식을 생각해 봤어요. 감기가 도망가 버릴 따끈하고 칼칼한 국물 요리가 떠올랐죠.

김치와 연어 통조림 캔 하나만 있으면 만들 수 있는 있는 찌개! 뜨끈한 김치찌개 하나면 찬밥으로도 뚝딱 한 그릇 해치울 수 있을 것 같았어요.

아픈 날일수록 포기하지 마세요. 내 몸이 원하는 음식, 내게 힘을 줄 수 있는 음식이면 뭐든 좋아요. 조금만 힘을 내서 움직이면, 먹기 전보다 한결 나아진 자신을 느낄 수 있을 거예요.

연어 김치찌개
총 3,940원

연어가 어느새 우리네 식탁에 자주 오르게 되었지요. 해산물 코너에 가면 쉽게 구할 수 있고 간편하게 통조림으로도 만날 수 있는 친근한 재료가 되었습니다. 연어 통조림을 활용한 김치찌개는 참치 김치찌개와는 또 다른 매력으로 다가옵니다. 국물 맛이 조금 더 산뜻하다고 할까요. 별다른 육수 내지 않아도 감칠맛 풍부하게 만들어 주는 연어 김치찌개 만들어 보세요.

290원
3500원
150원

### 주재료

| | |
|---|---|
| 연어 통조림 135g 1캔 | 3500원 |
| 두부 1/4모 | 290원 |
| 대파 10cm 한 토막 | 150원 |

### 부재료

김치 썬 것 3컵, 물 2컵, 고춧가루 3큰술, 소주 2큰술, 국간장 2큰술, 다진 마늘 1큰술

둘이서 맛있게 5900원

① 식용유를 두른, 열이 오른 냄비에 김치를 넣어 볶다가 김치가 부드러워지면 소주를 넣어 잡내를 제거한다.
② 그다음 물을 붓고 연어 통조림과 고춧가루를 넣어 국물 맛이 우러나게 끓여 준다.
③ 국물 맛이 우러나면 두부, 다진 마늘, 국간장으로 간을 맞추고 한소끔 끓인 후, 마지막으로 어슷 썬 대파를 얹어 완성한다.

> **Tip**
> 연어나 참치 통조림이 들어가면 별도의 밑국물을 내지 않아도 국물 맛이 좋아요.
> 이 때, 김치찌개에 소주나 사이다를 약간 넣어 주면 시원한 맛과 함께 잡내도 제거돼요.

2,570원×2인분=5,140원

참치김치찌개 평범하게 말고 샤브로 즐겨요,
참치감자찌개 우동샤브!

Yummy

# 참치감자찌개 우동샤브

빼어난 음식 솜씨를 자랑하는 남편의 어머님은 손이 크셔요. 음식을 넉넉히 만든다는 의미도 맞지만 정말 손이 큰 편이세요. 하지만 어머님이 만든 요리에는 섬세한 손길이 가득하죠. 얼마나 곱고 맛깔스러운지 감탄을 하게 돼요. 이번 방문에서도 저는 놀랄 수밖에 없었어요. 어머님의 애정 표현이 음식으로 표현되다보니 밥상의 상다리는 늘 위태위태하답니다.

어느 날은 항상 요리 장만하시느라 힘드셨을 어머님을 위해 저희 부부가 밖에서 음식을 대접하기로 했어요. 더 좋은 음식을 사 드리고 싶었는데 어머님은 한사코 만류하시며 차라리 샤브샤브를 먹으러 가자고 하시더군요. 알고 보니 어머님의 친구분이 은퇴 후 새로 차린 식당이었어요. 가족뿐 아니라 이웃에게도 따뜻한 어머님의 마음 씀씀이를 느낄 수 있는 따뜻한 저녁 시간이었네요.

**참치감자찌개 우동샤브**
총 5,140원

고추장 풀어 끓이는 참치찌개는 MT메뉴로 유명하지요.
달큰한 기본 베이스 양념에 깻잎 넉넉히 넣어 끓이면 그렇게 시원할 수 없답니다. 테이블 위에 깻잎과 우동 사리면을 넉넉히 준비해서 보글보글 끓여가며 샤브샤브 먹듯 느긋하게 드셔보세요. 면발과 깻잎을 적셔 먹으면 진하고 개운한 한 끼 드실 수 있을 거예요.

### 주재료

| 참치 통조림 150g 1캔 | 1600원 |
| 우동사리면 1개 | 900원 |
| 감자 1개 | 700원 |
| 애호박 5cm 한 토막 | 400원 |
| 깻잎 20장 | 1000원 |
| 두부 1/4모 | 290원 |
| 청양고추 1개 | 100원 |
| 대파 10cm 한 토막 | 150원 |

### 부재료

물 2컵, 고추장 3큰술, 찹쌀가루 2큰술,
고춧가루 3큰술, 청주 2큰술, 국간장 2큰술,
다진 마늘 1큰술

둘이서 맛있게 5900원

> **Tip**
> 연어나 참치 통조림이 들어가면 별도의 밑국물을 내지 않아도 국물 맛이 좋아요.
> 찌개에 찹쌀 풀을 약간 풀어 주면 걸쭉한 농도의 국물 맛과 더불어 오래도록 뜨겁게 즐길 수 있어요.

① 찬물에 고추장, 고춧가루, 찹쌀가루를 풀어 끓인다.
② 국물이 끓어 오르면 납작 썬 감자를 넣어 끓인다.
③ 감자가 익으면, 반달 썬 애호박, 두부, 통조림 참치를 넣고 청주를 넣어 비린내를 제거한다.
④ 그 다음 국간장, 다진 마늘로 간을 맞추고, 불에서 내리기 직전에 굵게 썬 깻잎을 넣어 완성하여 삶은 우동사리면과 함께 상에 낸다.

## 더디쉬의 추천메뉴

Plus Recipe

• 특별한 날 함께 먹는 한상차림 •

 맥주파티

**254** 골뱅이 튀김  **108** 감자팬 피자  **248** 쌈채와 로스트 치킨  **86** 발사믹 방울토마토 치킨 마리네이드

부모님 오셨을 때

**244** 배소스 돼지고기 스테이크  **206** 연어솥밥  **142** 냉채소 잡채  **128** 배추채 전골

 집들이

**94** 세인트 루이스 피자  **218** 피시 필렛 그라탕  **232** 돼지고기 스테이크 웜 샐러드

둘이서 맛있게 5900원

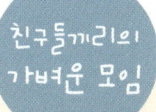
친구들끼리의 가벼운 모임

30 소고기 숙주 덮밥   38 쫄면 샐러드   236 돼지고기 안심 팟타이   214 토마토소스 홍합탕

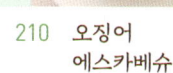
연인과 함께 하고 싶을 때

98 크림소스 펜네   158 토마토 베이크드 샐러드   180 시금치 베이컨롤 그라탕

210 오징어 에스카베슈   102 무알콜 파인애플 모히토

Plus Recipe 더디쉬의 추천 메뉴 : 특별한 날 함께 먹는 한상차림

에필로그
# 나를 채우는 한 끼의 마법

온 가족이 밥상에 둘러 앉아 식사를 하던 모습은 이제 드라마나 명절날에만 볼 수 있는 별난 광경이 되었습니다. 한 가족이라고 해도 서로가 바쁘게 살아가는 요즘엔 식구<sub>한집에서 함께 살면서 끼니를 같이 하는 사람</sub>라는 가족의 진정한 의미를 갖지 못한 채 살고 있는 듯합니다. 이제 '혼밥'은 일상의 언어가 되었고, 혼자 혹은 둘이서 사는 우리는 세 끼를 챙겨먹기는커녕 '한 끼 때운다'는 말을 더 자주하게 된 것 같습니다. 우리 삶의 모습이 이렇다보니 적당히 빨리 먹을 수 있는 음식의 종류는 점점 더 많아지고 있습니다. 하지만 단순히 허기를 해소하기 위한 식사는 어딘가 사람을 공허하게 만듭니다.

저는 집안의 공간 중에서도 특히 부엌에서 안정감을 느낍니다. 남편 혹은 지인들과 식탁에 나란히 앉아, 음식을 나눌 때, 혼자 먹게 되더라도 정성들인 음식을 먹을 때 행복을 느낍니다. 부엌은 그야말로 제게 영혼의 안식처와 같은 공간입니다. 저희는 당신의 부엌도 변할 수 있다고 생각해요. 저희의 레시피가 여러분의 일상을 조금 더 풍요롭고 건강하게 만드는 작은 계기가 되길 바랍니다.

『둘이서 맛있게 5900원』 도서를 엮으며 저희의 일상의 요리를 담아보기도 하고, 스스로도 '이번 주말에는 이 요리를 해먹어봐야지' 싶은 레시피를 발견하는 즐거운 시간을 보냈습니다. 엄마의 집 밥처럼 풍성하지는 않더라도 조금이라도 건강하고 예쁘게 음식을 즐길 수 있다면, 그래서 그 한 끼가 여러분의 지친 삶 속에 소소한 힐링이 되어준다면 얼마나 좋을까하는 생각도 해보았습니다. 작은 부엌에서 탄생하는 하나하나의 소중한 음식들이 마법처럼 여러분의 일상을 여유 있고 아름답게 바꾸어줄 수 있었으면 좋겠습니다.

끝으로 항상 좋은 영감을 주는 저의 친구 경아와 늘 응원해주고 맛있는 먹거리를 함께 나눌 수 있는 밥조 멤버들께 고마움을 전합니다. 무엇보다 항상 최고라 외쳐주시고 든든한 버팀목이 되어주시는 부모님께 깊은 감사의 마음을 담아 이 책을 마무리합니다.

에필로그 : 나를 채우는 한 끼의 마법

소고기 숙주덮밥

동남아풍 시금치덮밥

마파두부밥

돼지고기 안심 팟타이

떡갈비볶음밥

계란국수

가지 호박 그라탕

굴 소스 가지튀김

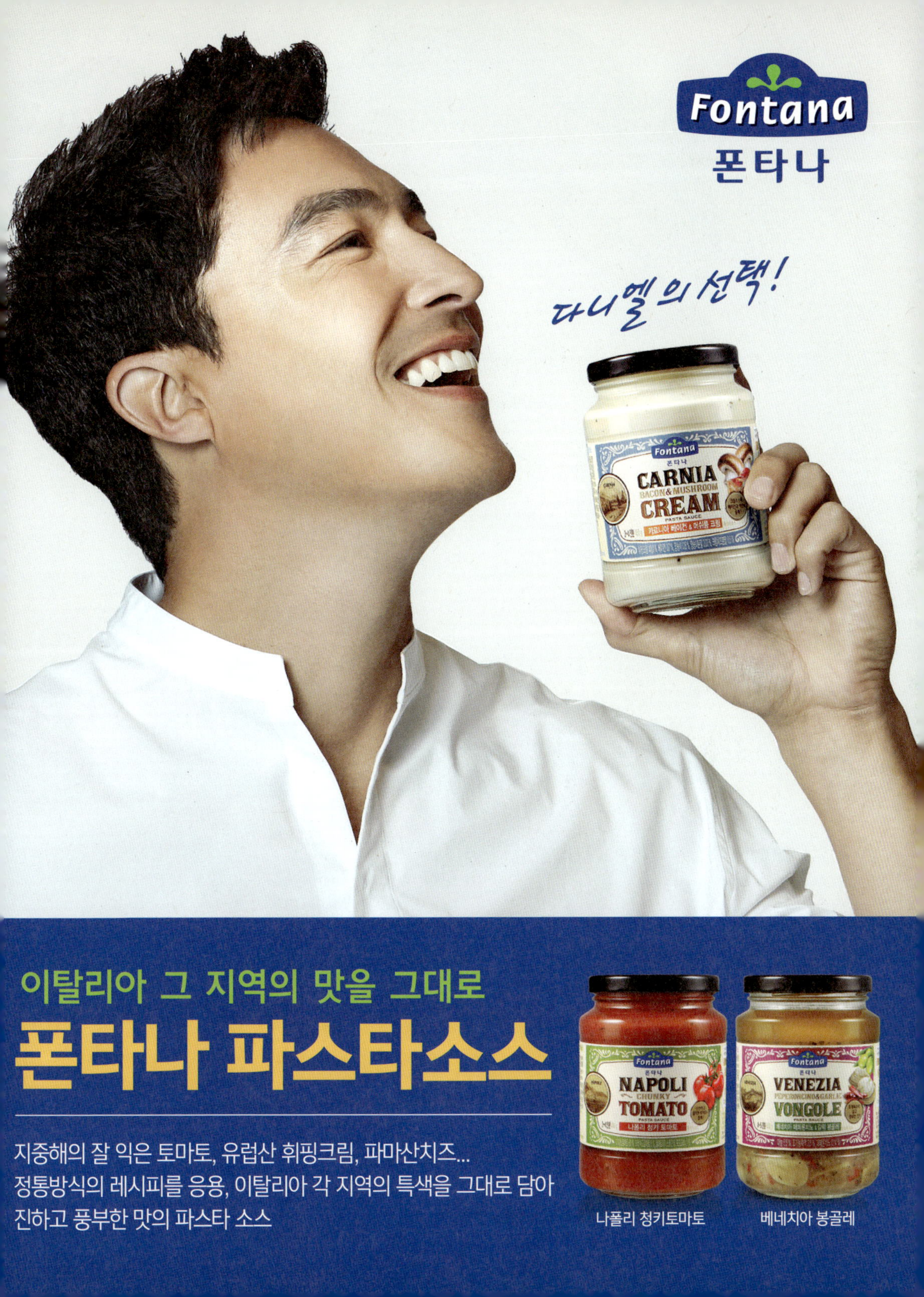

# Fontana 폰타나

다니엘의 선택!

## 이탈리아 그 지역의 맛을 그대로
# 폰타나 파스타소스

지중해의 잘 익은 토마토, 유럽산 휘핑크림, 파마산치즈...
정통방식의 레시피를 응용, 이탈리아 각 지역의 특색을 그대로 담아
진하고 풍부한 맛의 파스타 소스

나폴리 청키토마토

베네치아 봉골레

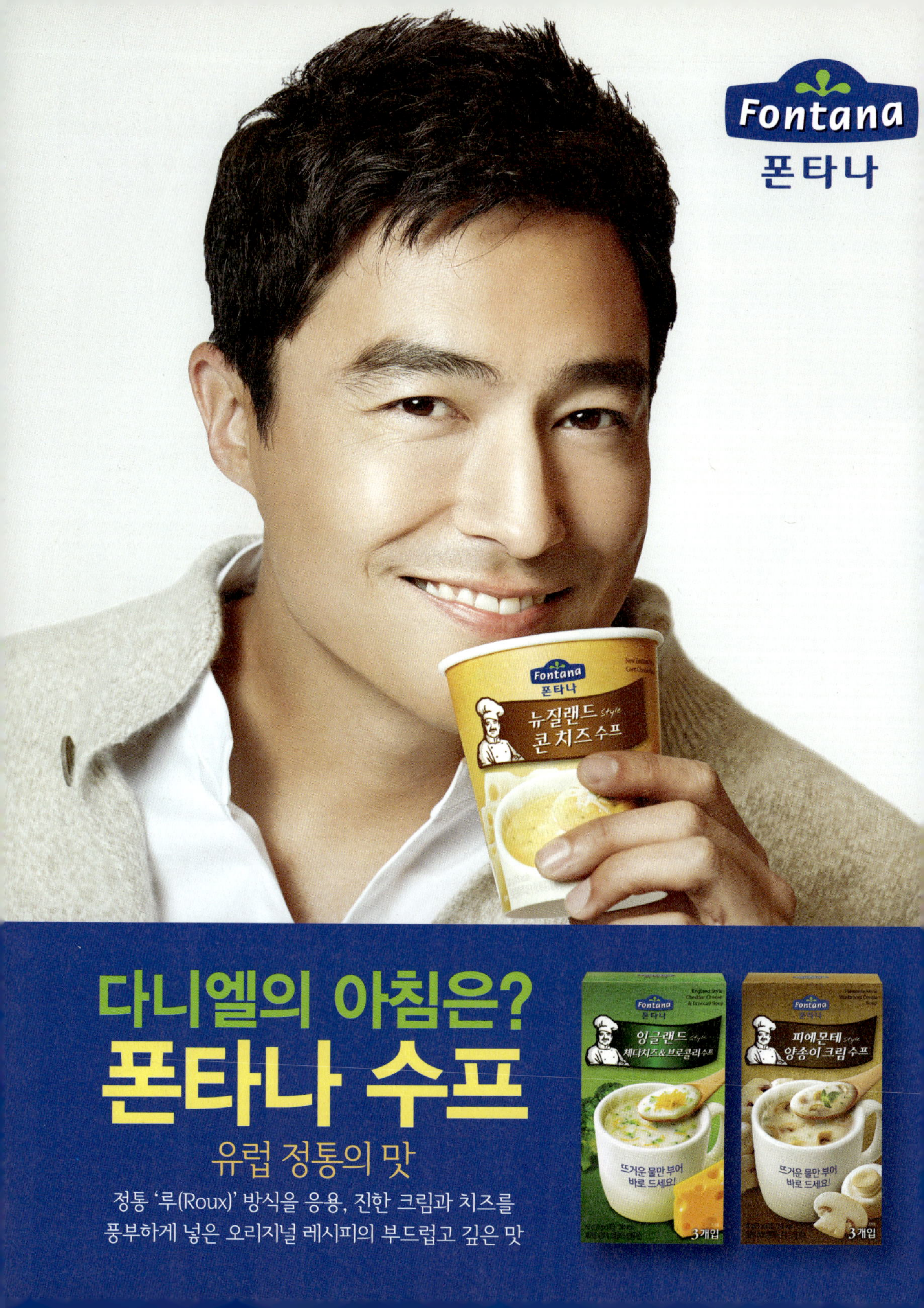

# 다니엘의 아침은?
## 폰타나 수프
### 유럽 정통의 맛

정통 '루(Roux)' 방식을 응용, 진한 크림과 치즈를
풍부하게 넣은 오리지널 레시피의 부드럽고 깊은 맛